中小学生经典阅读系列丛书

·小学卷·

BAIJIAXING DAODU BEN

百家姓

导读本

语文出版社教材研究中心 ◎ 主编

刘静 ◎ 导读

语文出版社

·北京·

图书在版编目（CIP）数据

百家姓：导读本 / 语文出版社教材研究中心主编. -- 北京：语文出版社，2020.8
（中小学生经典阅读系列丛书）
ISBN 978-7-5187-0641-9

Ⅰ. ①百… Ⅱ. ①语… Ⅲ. ①古汉语－启蒙读物 Ⅳ. ①H194.1

中国版本图书馆CIP数据核字(2017)第331800号

责任编辑	李欣蕊
装帧设计	李彦生
出　　版	语文出版社
地　　址	北京市东城区朝阳门内南小街51号　100010
电子信箱	ywcbsywp@163.com
排　　版	北京东安嘉文文化发展有限公司
印刷装订	北京市科星印刷有限责任公司
发　　行	语文出版社　新华书店经销
规　　格	787mm×1092mm
开　　本	1/16
印　　张	13.75
版　　次	2020年8月第1版
印　　次	2020年8月第1次印刷
印　　数	1-2,000
定　　价	40.00元

📞 010-65253954（咨询）　010-65251033（购书）　010-65250075（印装质量）

总　序

　　《三字经》《百家姓》《千字文》《千家诗》是中国古代学童启蒙教育的课本，也是中华传统文化教育的精华，简称"三百千千"。

　　"三百千千"起源于私塾，扎根于民间，从历史深处走来，走向千家万户，走向我们，也将会走向未来。

　　"三百千千"历千百年而不衰，滋润千百万心灵而化育。它们见证了一个民族的苦难辉煌，也孕育了一个民族的聪明智慧，更给了每一个教育者、受教育者诸多的启迪。

　　教育的根本大计，是读什么书，怎样读书，怎样做人。读是出发点，书是发力点，教是提升点。一套读物能让一个民族，能让千百万人代代读，年年读，这本身就是一个奇迹，其中必然蕴藏着一个巨大的秘密。

　　它的密码是什么呢？

读书的最终目标指向做人，要明白读什么样的书，做什么样的人。

这，其实算不上密码。

千百年来，中华民族就一直奉行这样的教育准则。读书连着做人，教育指导人生。人生与读书相陪伴，相观照，相偕行。

教育和读书，须臾不可分。它影响着民族的成长，影响着国家的兴衰，决定着每一个人的命运。

启蒙教育、家庭教育、基础教育、社会教育，环环相扣，节节提升。这是整个民族教育大业的千年基石、不绝源泉、宏大推力。作为这四大环节的基本读物，"三百千千"普及于千家万户，延伸于历朝历代，成了中华传统文化教育的宝贵财富，成了中华民族的精神殿堂。这样的奇迹，要说没有一点儿奥秘，又有谁能相信呢？

有，当然有。

首先，它体现了孔子"文、行、忠、信"的教育主张，践行了孔子"兴、观、群、怨"的诗教精神，把儒家"导之以德，齐之以礼"的教育准则融入日常的精神文化生活之中，把中华民族重视教育的传统落实于家教、幼教之中。"人生百年，立于幼学"，梁启超《论幼学》的总结，言简意赅，入木三分。

其次，它的内容和形式完美结合，相得益彰。寻根脉，数家珍，倡人文，讲礼仪，接地气，通人心。不言"进课堂"，而自成民族大课堂，一册在手，一卷在握，人人自觉阅读，处处都是课堂。它整齐押韵，朗朗上口，便于诵读。它广涉天文地理、神话传说、历史哲学、姓氏族源、文学经典、智慧格言，熟读之，记诵之，让人明白自己从何而来，为何称为华夏子孙，如何不愧对祖宗，怎样培育做人的品格。它寓识字于常识教育，借阅读而砥砺人生，由浅入深，由简至繁，循序渐进，老少咸宜，亲子共读，代代相传。一套书能养成家教家风，一套书能淳朴乡情乡俗。不言"全民阅读"而全民争相传阅，家传一套而视为珍宝。一套书成就了人类文明史上一个自觉阅读、自我教育的伟大奇观。

历史是最好的证人，时间是公正的裁判，群众是权威的读者。一切教育读物，应当视"三百千千"为典范，应当从"三百千千"中悟出真谛。

李人凡

2019年9月

前　言

　　"小朋友，你姓什么？"很多人都会这么问你。

　　"我姓赵""我姓杨""我姓马"……你也许会这么回答。

　　但读完这本《百家姓》，你的回答也许会让提问的人更加佩服，"我姓赵，和'半部《论语》治天下'的赵普同姓""我姓杨，和无敌将军杨业同姓""我姓马，和三国名将马超同姓"……

　　姓不仅是家族血统的标志，更是一种我们为之骄傲的文化、历史、价值追求和情感认同。

　　据记载，《百家姓》于北宋初年编成，作者已经难以查证，书中总共介绍了504个姓氏，其中单姓444个，复姓60个。由于篇幅所限，本书只选择了100个姓氏进行介绍。每一个姓氏都有自己独特的渊源，有杰出的代表人物，有与众不同的故事。

从《百家姓》中，你可以读到很多课本上没有的知识，还能认识很多有名的人物，此外还有神话传说、成语典故等着你去发现。

你会发现，每个姓氏都有自己的谱系，顺着这些谱系，就能找到各个姓氏的根。这些根连在一起，就构成了中国独特的姓氏文化。

所以，现在就去读《百家姓》吧，你可以找到你的姓，找到你的小伙伴的姓，找到邻居的姓……如果你愿意，把你读到的知识和故事跟他们分享，他们一定会很高兴你用心去了解他们。

我们也要向那些姓氏没有被介绍到的小朋友们道歉，如果没能介绍到你的姓氏，不要沮丧，你可以自己查找资料，向爸爸、妈妈和周围的大人请教，然后编写出自己的姓氏故事，这样不是更有意义吗！

1. 赵：赵普半部《论语》治天下 …………… 2
2. 钱：钱镠(liú)睡"警枕" …………… 4
3. 孙：孙敬"头悬梁" …………… 6
4. 李：铁杵(chǔ)磨成针 …………… 8
5. 周：周瑜火烧赤壁 …………… 10
6. 吴：吴敬梓与《儒林外史》 …………… 12
7. 郑：郑板桥智断遗产案 …………… 14
8. 王：王羲之吃墨 …………… 16
9. 冯：冯谖(xuān)毁债赢道义 …………… 18
10. 陈：起义军领袖陈胜 …………… 20
11. 蒋：蒋琬(wǎn)肚里能撑船 …………… 22

12. 沈：	沈括与《梦溪笔谈》…………………24
13. 韩：	韩愈买蜡………………………………26
14. 杨：	无敌将军杨业…………………………28
15. 朱：	朱买臣不计前嫌………………………30
16. 秦：	秦良玉女将扬威………………………32
17. 许：	许衡坚持道义…………………………34
18. 何：	何易于挂笏引舟（hù）………………36
19. 吕：	吕蒙读书………………………………38
20. 施：	施耐庵与《水浒传》…………………40
21. 张：	张良敬老得兵书………………………42
22. 孔：	孔子学琴………………………………44
23. 曹：	曹冲称象………………………………46
24. 严：	爱国的严复……………………………48
25. 金：	怪才金圣叹……………………………50
26. 魏：	神童魏源巧对对联……………………52
27. 陶：	陶渊明不为五斗米折腰………………54
28. 姜：	姜太公钓鱼……………………………56
29. 谢：	谢颖苏画鹅……………………………58
30. 邹：	邹忌照镜（zōu）………………………60
31. 窦：	窦融归汉（dòu）………………………62

32. 章：章学诚"笨鸟先飞" …… 64

33. 苏：学无止境的苏轼 …… 66

34. 潘：潘岳与柏树转枝 …… 68

35. 范：范仲淹断齑画粥 …… 70

36. 鲁：鲁班学艺 …… 72

37. 马：马超反曹 …… 74

38. 方：方孝孺不屈不挠 …… 76

39. 俞：俞伯牙摔琴谢知音 …… 78

40. 任：有情有义的任敖 …… 80

41. 袁：大将袁崇焕 …… 82

42. 柳：柳宗元解放奴仆 …… 84

43. 史：史可法誓死不降 …… 86

44. 唐：唐赛儿巾帼不让须眉 …… 88

45. 薛：薛仁贵"三箭定天山" …… 90

46. 贺：贺铸壮志难酬 …… 92

47. 汤：汤显祖释放囚犯 …… 94

48. 罗：罗贯中与《三国演义》 …… 96

49. 毕：毕昇和印刷术 …… 98

50. 于：神童于谦 …… 100

51. 伍：伍子胥一夜白头 …… 102

52. 顾：大学问家顾炎武 ················ 104

53. 孟：孟浩然踏雪寻梅 ················ 106

54. 黄："巧姑娘"黄道婆 ················ 108

55. 萧：萧何月下追韩信 ················ 110

56. 姚：姚崇刚正不阿 ················ 112

57. 汪：清代画家汪士慎 ················ 114

58. 毛：毛遂自荐 ················ 116

59. 狄(dí)：狄仁杰的仁义之举 ················ 118

60. 宋：宋濂(lián)借书 ················ 120

61. 纪(jǐ)：纪晓岚联对 ················ 122

62. 屈：屈原与端午节的由来 ················ 124

63. 项：孔子拜师项橐(tuó) ················ 126

64. 董：董仲舒三年不窥园 ················ 128

65. 梁：女英雄梁红玉 ················ 130

66. 杜：房谋杜断 ················ 132

67. 季：季札信守承诺 ················ 134

68. 贾：贾岛推敲 ················ 136

69. 江：江革负母 ················ 138

70. 郭：郭子仪智退敌兵 ················ 140

71. 林：林则徐改掉急脾气 ················ 142

72. 徐：徐霞客遍访名山大川 ·················144

73. 蔡：蔡文姬辨音 ·················146

74. 田：田忌赛马 ·················148

75. 胡：史学大家胡三省 ·················150

76. 管：管鲍分金 ·················152

77. 宗：宗泽抗敌 ·················154

78. 丁：丁汝昌以死谢国人 ·················156

79. 洪：洪秀全起义 ·················158

80. 包：包拯辞宴 ·················160

81. 石：石碏大义灭亲（què）·················162

82. 崔：崔护叹人面桃花（cuī）·················164

83. 程：程门立雪 ·················166

84. 陆：陆贾说新语（gǔ）·················168

85. 祖：祖莹好学 ·················170

86. 武：一代女皇武则天 ·················172

87. 刘：刘禹锡与《陋室铭》·················174

88. 叶：清白做人的叶燮（xiè）·················176

89. 白：白居易改诗 ·················178

90. 蔺：蔺相如完璧归赵（lìn）·················180

91. 庄：庄周鼓盆 ·················182

92. 文：民族英雄文天祥 …………………… 184

93. 曾：曾子思母吐鱼 ……………………… 186

94. 关：关公夜读《左传》 ………………… 188

95. 司马：司马光砸缸 ……………………… 190

96. 欧阳：欧阳修虚心求教 ………………… 192

97. 诸葛：三个臭皮匠，胜过诸葛亮 ……… 194

98. 公孙：公孙龙巧论"白马非马" ……… 196

99. 岳：岳飞精忠报国 ……………………… 198

100. 西门：西门豹治邺城 ………………… 200

附录 《百家姓》全文 ……………………… 202

1. 赵：赵普半部《论语》治天下

导 读

传说西周时，周穆王不远万里，去瑶池拜见西王母。驾车的是一个叫造父的人，他的驾车技术高超，让周穆王非常满意。造父多次为周穆王驾车，立了大功。于是，周穆王把赵城赐给了造父，他的后代便以赵为姓。

小 故 事

赵普半部《论语》治天下

赵普是北宋宰相，身居要职，白天忙着处理国事，晚上还要专心地研读《论语》。相传，遇到困难时，赵普总是说："明天再做决定吧。"到了第二天,他果然会有高见。

为了弄清楚赵普是如何化解困难的,有人收买了他的家仆,没想到仆人拿出的居然是一本《论语》。宋太祖赵匡(kuāng)胤(yìn)得知此事后,亲自找上门来问赵普,说:"你现在还经常读《论语》吗?"赵普回答道:"是的,这本书中什么道理都有。"

宋太宗在位时,人们都说赵普除了读《论语》外,什么都不会。赵普却说:"他们说得没错,我用半部《论语》辅佐太祖打下天下,另外半部用来帮陛下治理天下足矣。"

"半部《论语》治天下"由此而来。

姓氏名人

"战国四公子"之一赵胜(平原君);三国时期蜀国将领赵云;南宋末至元初书画家赵孟頫(fǔ)。

2. 钱：钱镠(liú)睡"警枕"

相传，"五帝"之一颛（zhuān）顼（xū）的后代彭祖的孙子叫彭孚（fú），是西周时期专门管财政和钱币的官员，他的后代便改姓钱。还有一种说法是，彭祖叫篯（jiān）铿（kēng），他的子孙就去掉了"篯"的竹字头，称自己姓钱。

钱镠睡"警枕"

吴越王钱镠小的时候家里很穷，年轻时做过盐贩。唐末，钱镠在征讨起义军的过程中立了大功，被唐王封官。五代十国时期，钱镠成为吴越王。

长期的军营生活让钱镠养成了一个习惯，他连睡觉都不忘提高警惕，常常用一段滚圆的木头当枕头，困了就靠着它休息，如果睡着了，头就会滑下来，使他惊醒。这样一来，他就不会因睡得太熟而遭遇不测。

后来，钱镠因为睡"警枕"而得了个"不睡龙"的绰号。

唐代诗人钱起；北宋诗人钱惟演；清代文学家钱谦益。

3.孙：孙敬"头悬梁"

春秋初期，卫武公有个儿子叫惠孙，他的后代便称自己姓孙。还有一种说法是，孙姓是楚国孙叔敖（áo）的后代。也有人说，春秋时，陈厉公的儿子陈完逃到齐国后改叫田完，他的后代被齐景公封在乐安（今山东惠民），并赐姓孙。

孙敬"头悬梁"

东汉时，有个非常有名的政治家叫孙敬。他年轻时勤奋好学，喜欢看书，常常一看就是一整天，有时累得眼睛都快睁不开了,却还是不肯休息。

为了不让自己打瞌睡,他用一根很长的绳子把头发绑起来,吊在房梁上。当他读书困倦时,绳子就会牵住头发,把头皮扯得非常痛。他立即就清醒过来,再接着读书。

凭着这种刻苦的精神,孙敬读了很多书,最后成了一个大学问家。

姓氏名人

春秋时期楚国宰相孙叔敖、齐国军事家孙武;战国时期军事家孙膑(bìn);三国时期吴国建立者孙权;唐代医学家孙思邈(miǎo)。

4. 李：铁杵(chǔ)磨成针

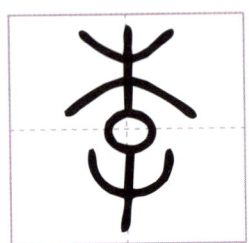

颛顼帝后人皋（gāo）陶（yáo）在尧舜时担任理官，管理刑狱之事，其后人就以官名中的"理"为姓。后来，理姓家族传到理征，理征得罪了商纣王，被下令处死。他的妻子带着儿子理利贞逃到深山里，靠吃李子活了下来，后来就改姓为李。

铁杵磨成针

唐代大诗人李白小时候不爱学习，上学的时候经常偷偷溜出去玩。一天，李白又逃学了。在一条小河边，他看见一个白头发

的老奶奶在一块磨石旁,耐心地磨着一根铁棒。李白好奇地问:"老奶奶,您在干什么呢?""我在磨针。"老奶奶一边回答,一边仍在打磨。"磨针?这么粗的铁棒要磨到什么时候呢?"老奶奶抬起头,看着李白说:"孩子,铁棒再粗,只要我天天磨,总有一天会把它磨成绣花针的。"李白恍然大悟。从那以后,他刻苦读书,成了一位著名的诗人。

这个故事告诉我们,只要不怕困难,肯下功夫,做任何事情都能成功。

姓氏名人

春秋时期思想家、道家学派创始人李耳(老子);战国时期水利家李冰;唐代皇帝李世民;宋代女词人李清照;明代医药家李时珍。

5. 周：周瑜火烧赤壁

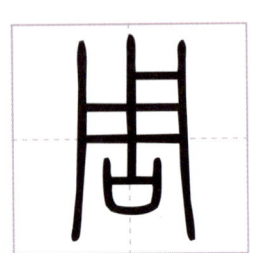

周平王的小儿子姬烈被封在汝州（今河南境内），其家族就开始称自己姓周，世代相传。周王室一部分成员仍然姓姬，到唐玄宗时，为避讳"李隆基"的"基"音也改成了周姓。

小故事

周瑜火烧赤壁

东汉末年，曹操大举进攻东吴。曹军来势汹汹，为了打败曹操，孙权和刘备结成联盟，决定联合抗曹。

曹操有三十万大军，孙刘两方的人马加起来还不到五万，但是孙刘联军不惧强敌，很快就找到了曹操的弱点。

东吴大将周瑜先使了一出反间计，让曹操杀死了熟悉水战的将领。接着又用苦肉计，假装让黄盖投降，曹操果然上当。黄盖"投奔"曹操那天，江面上突然刮起东南风，黄盖借助风势，向曹操的水寨发射了很多火箭，曹营瞬间就着火了，火势冲天。联军趁机发起反攻，把曹军打得落花流水。曹操的水军全军覆没，刘备和孙权的势力大大增强，从而形成三国鼎立的局面。

这场著名的"赤壁之战"，是中国古代战争中以弱胜强的经典案例。

西汉将军周亚夫；唐代画家周昉（fǎng）；北宋哲学家周敦颐、词人周邦彦；元代音韵学家周德清。

6. 吴：吴敬梓与《儒林外史》

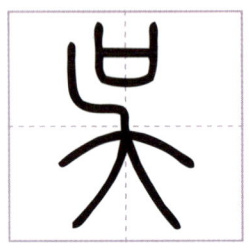

古代周族领袖古公亶（dǎn）父的长子太伯和弟弟仲雍在江南建立了勾吴国。周朝建立后，周武王封太伯的后代周章为诸侯，建立吴国。吴国被越王勾践灭掉后，后代为铭记耻辱，就称自己姓吴。

吴敬梓与《儒林外史》

清代文学家吴敬梓出生于安徽的一个科举世家，自幼博览群书。他18岁考取秀才，21岁家道中落，亲历家族争产风波，年纪轻轻就看清了官场的黑暗和人性的丑恶。

此后,吴敬梓数次参加科举考试都名落孙山。35岁那年,他开始专心写作长篇小说《儒林外史》,经过十年的努力,这部讽刺小说终于完成了。这本小说至今深受读者喜爱。

秦末农民起义领袖吴广;唐代画家吴道子;明代小说家、《西游记》的作者吴承恩;清代将军吴三桂。

7. 郑：郑板桥智断遗产案

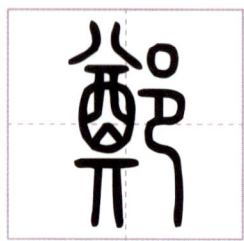

周宣王封弟弟姬友在南郑（今陕西华县东），他就是郑桓公。后来，桓公子郑武公建立了郑国。战国时郑被韩所灭，郑国的子孙就改姓郑。

郑板桥智断遗产案

郑板桥是清代著名的画家，"扬州八怪"之一。他做官时曾经政绩显著。传说有一天，郑板桥正在公堂上批阅公文，一个哑巴来状告他的哥哥。事情是这样的：父母去世后，哥哥把哑巴赶

出了家门，想独吞家财，并说自己不认识哑巴。哑巴多次状告哥哥，却都没有结果。

郑板桥立刻传哑巴的哥哥到堂，他仍然说自己不认识哑巴。郑板桥便宣布退堂，过几日再审，并对哑巴说："你天天守在你哥哥家门口，他一出来就打。"哑巴照做了，哥哥被打得头破血流，连忙去县衙告状。

郑板桥把哑巴叫来，对他的哥哥说："按照律法，如果打你的人是外人，就是一般的斗殴；但如果是亲兄弟，就要罪加一等。哑巴是你的亲兄弟吗？"哑巴的哥哥连连点头，没想到郑板桥大吼一声："那你为什么一个子儿都不给他？"

无奈之下，哑巴的哥哥只好和哑巴平分家产。

姓 氏 名 人

战国时期韩国水利家郑国；东汉经学家郑玄；明代航海家郑和、民族英雄郑成功。

8. 王：王羲之吃墨

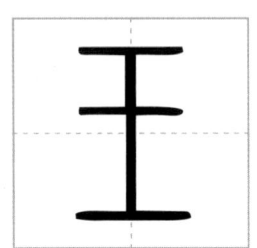

商朝贤臣箕子和比干是纣王的叔父，因为得罪纣王被杀死了。商朝灭亡后，箕子和比干的后代因为先人是王族，就改姓为王。此外，秦国灭掉六国后，各诸侯国的王族后裔四处逃难，很多家族开始隐居，也改称姓王。

王羲之吃墨

东晋书法家王羲之练字十分刻苦。据说，他练字用坏的毛笔，可以堆成一座小山，被人们叫作"笔山"。他家附近有一个小水池，他经常在那里洗毛笔和砚台，水池后来变成黑色，被人们叫作"墨池"。

传说有一天，王羲之在书房里专心地练字，丫鬟把蒜泥和馒头端到书房，然后就出去了。过了一会儿，丫鬟走进书房，看见他正在把一个黑乎乎的馒头往嘴里塞。原来，王羲之吃饭的时候也在练字，把墨汁当成了蒜泥，自己根本没有觉察到。

经过长年坚持不懈地练字，王羲之最终成为我国历史上著名的书法家，被人们称为"书圣"。

姓氏名人

东汉哲学家王充；唐代诗人王维；北宋政治家、文学家王安石；元代戏曲家王实甫；明代哲学家王夫之。

9. 冯：冯谖(xuān)毁债赢道义

周武王灭商后，他的弟弟毕公姬高被封在冯城，其子孙后代就称自己姓冯。还有一种说法是，春秋时期，郑国大夫冯简子被封在一个叫冯的地方，后代也以冯为姓。

冯谖毁债赢道义

战国时，齐国贵族孟尝君家里的食客多达三千人，冯谖就是其中之一。有一天，孟尝君派冯谖去他的一个封地收取放债的利息，没想到的是，冯谖一到那里，就把所有的欠条都烧掉了。孟尝君非常生气，冯谖却对他说："您失去的只是一些钱财，得到的却是宝贵的'义'。"

不久，孟尝君被贬为平民，回到封地时却受到百姓的热烈欢迎，他这才明白了冯谖的用心。后来，冯谖不仅想办法让齐王恢复了孟尝君的官职，还请求齐王在孟尝君的封地薛地修建宗庙，这样齐王就永远不会攻打薛地了。

西汉大臣冯唐；明代文学家冯梦龙；清代将领冯子材。

10. 陈：起义军领袖陈胜

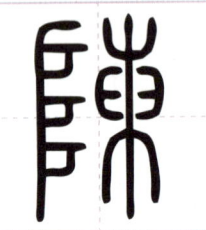

商朝灭亡后，周武王实行分封制，把舜的后代胡公满封在陈地，胡公满在那里建立陈国。多年后，陈国发生内乱，陈厉公的儿子逃到齐国，他的子孙就开始称自己姓陈。

起义军领袖陈胜

陈胜是秦朝末年的农民起义军领袖。据《史记·陈涉世家》记载，他年少时受雇为地主耕地。有一天，他放下手中的活走到田埂上，心中感到愤愤不平，就对他的同伴说："如果我富贵了，不会忘了你们这些同伴的。"一同耕种的人嘲笑他："你不过是个受雇耕地的人，怎么会富贵呢？"陈胜长叹一口气，说："唉，燕雀哪里知道鸿鹄的志向啊！"后来，陈胜和吴广一起发动起义，反抗秦朝的残暴统治。后世用"鸿鹄之志"比喻人要有远大的志向。

姓氏名人

西晋史学家、《三国志》的作者陈寿；唐代诗人陈子昂；南宋思想家陈亮。

11. 蒋：蒋琬(wǎn)肚里能撑船

西周时，周公姬旦的第三个儿子叫伯龄，他被分封到蒋地（今河南境内）后在那里建立了一个小诸侯国。后来，蒋国被楚国所灭，他的后代就开始姓蒋。

蒋琬肚里能撑船

三国时期，蜀国攻打魏国的时候，蒋琬立了很大的功劳，所以诸葛亮临死时指定他做自己的接班人。蒋琬成了蜀国的重臣后，还是和以前一样谦虚和善，从来不会轻易地发脾气，度量特别大。

蒋琬有一个叫杨戏的手下，非常傲慢自大，看见蒋琬时总是一副爱答不理的样子。有人趁机对蒋琬说："杨戏实在太无礼了，应该好好地教训教训他。"蒋琬却说："虽然他不尊重我，但是他心里怎么想的，就是怎么做的，这一点就比很多人强一百倍，不是正好证明他很耿直吗？"

这一番话说得那个人心服口服。

汉末三国名士蒋干；唐代文学家蒋防；南宋词人蒋捷；清代戏曲家蒋士铨。

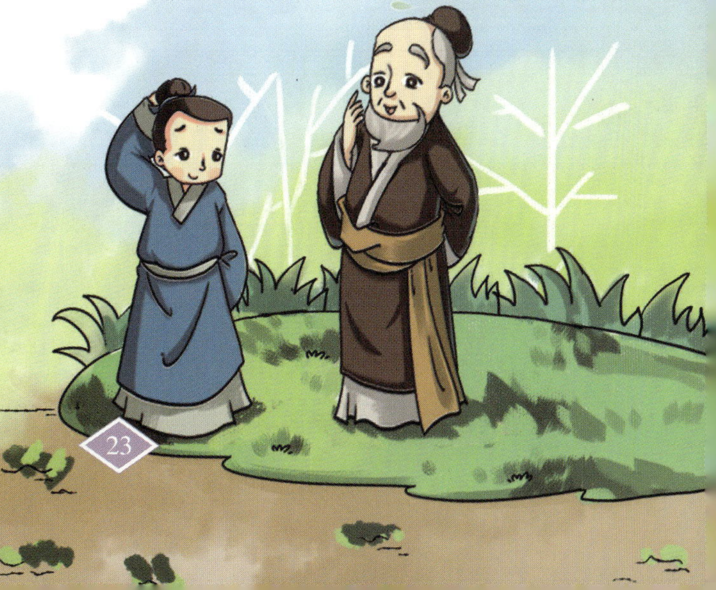

12. 沈：沈括与《梦溪笔谈》

周文王的第十个儿子季载因为平定武庚之乱有功，被封在沈地（今河南平舆），后来建立了沈国。沈国被蔡国消灭后，其后代就以原来的国名为姓。

沈括与《梦溪笔谈》

沈括是北宋著名科学家，他一生最大的成就是编写了笔记体百科全书《梦溪笔谈》。

沈括从小就学习刻苦，读了很多书，喜欢独立思考。他对待科学的态度非常认真，为了弄清楚一个问题，不惜花费十几年的时间。为了确定北极星的准确位置，他连续三个月没有睡好觉，不仅每天晚上都要观察北极星，还要把前半夜、午夜和后半夜时北极星的方位画出来。最终，他得出了一个重要的结论：北极星并不在正北方。

《梦溪笔谈》是沈括一生学问的结晶，堪称"中国科学史的里程碑"。

南朝梁文学家沈约；元末明初商人、江南首富沈万三；清代诗人沈德潜。

13. 韩：韩愈买蜡

导 读

周成王的弟弟叔虞的后代毕万被封在韩原（今陕西韩城），在那里建立了韩国，韩国灭亡后，其后代就称自己姓韩。另一种说法是，春秋时晋国大夫韩武子的后代韩景侯建立韩国。韩国被秦国灭亡后，其子孙就以韩为姓。

小 故 事

韩愈买蜡

韩愈是我国唐代的文学家、诗人。传说在他上学的时候，老师曾经在课上发给每个人一枚铜钱，让他们买一种能把整个教室装满的东西。古时候，一枚铜钱是很少的钱，如何买回一样能装满整个教室的东西呢？

第二天上学时，学生们有的买来了树苗，有的买来了竹子，可是这些都无法装满整个教室。过了一会儿，韩愈来了，他不慌不忙地从书包里拿出一根蜡烛交给老师，老师高兴极了，夸韩愈是一个聪明的孩子。原来，只要点亮蜡烛，烛光就能装满整个教室。

姓氏名人

战国末期思想家韩非；西汉军事家韩信；南宋大将韩世忠。

14. 杨：无敌将军杨业

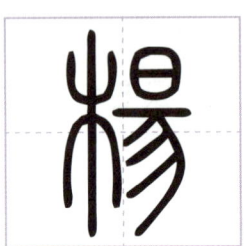

导读

周成王的三弟叔虞的第二个儿子叫姬抒，被周康王封在杨地（今山西洪洞东南），他就是杨侯。杨国灭亡后，其后代南迁，改姓为杨。

小故事

无敌将军杨业

杨业是五代十国时期的北汉人，善于骑射，英勇善战，多次立下战功，被人们称赞为"杨无敌"。北汉向北宋投降后，宋太宗封杨业为大将军，镇守代州，在雁门关大败辽军。从那以后，辽军一听到杨业的名字，吓得撒腿就跑。

但是后来，杨业随军北伐，被包围在陈家谷（今山西宁武），孤立无援，兵败被俘。为了表示自己的忠心，他坚决不肯投降，最终绝食而死。杨业死后，他的儿孙后辈继续保卫国家，"杨家将"的故事被人们广为传颂。

姓氏名人

隋代开国皇帝杨坚；唐代贵妃杨玉环；南宋诗人杨万里。

15. 朱：朱买臣不计前嫌

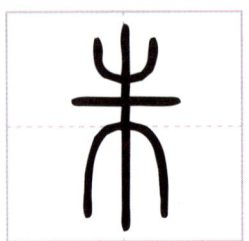

导读

颛顼的玄孙陆终的第五个儿子叫安，大禹时赐姓为曹。商朝灭亡后，曹安的后代被封在邾（zhū）（今山东邹县一带），并在那里建立了邾国。邾国灭亡后，原来的王公贵族就以朱为姓。

小故事

朱买臣不计前嫌

西汉人朱买臣做官前，住在苏州城一个偏僻的地方，家里非常贫穷，靠卖柴维持生活。每次卖柴，他都是一边走，一边大声地诵读古书，妻子觉得他很丢人，嚷着要和他离婚。朱买臣劝说道:"你再辛苦十年,等到我五十岁的时候一定会富贵的,到时我会好好报答你。"但是,他的妻子不想再过苦日子,就改嫁了。

后来,朱买臣得到了汉武帝的赏识,被封为会稽太守。到会稽做太守时,他在欢迎的人群中看见了前妻和她的现任丈夫,就把他们接到府上,让他们住在那里。他的前妻悔恨不已,羞愧难当,不久就自尽了。

姓氏名人

五代梁开国皇帝朱温;南宋理学家朱熹;明代开国皇帝朱元璋。

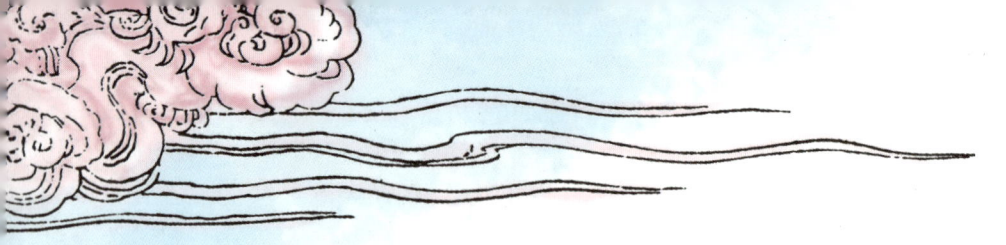

16. 秦：秦良玉女将扬威

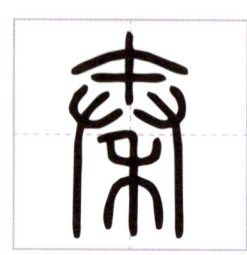

导 读

秦姓主要有两个来源。一是源于嬴姓，伯益的后代嬴非子为周孝王牧马有功，被封在秦，他的后人就以秦为姓；二是源于姬姓，周公儿子伯禽的子孙被封在秦，他的子孙就称自己姓秦。

小 故 事

秦良玉女将扬威

秦良玉是明末著名女将，曾多次抗击清军，战功显赫。小时候，她就与兄弟们一起读书、习武，不仅练得一身过硬的武艺，而且读了很多兵书，精通战略，显露出过人的军事才华。

她的父亲曾感叹说："可惜你是女孩子，不然你一定会比兄弟们做出更大的成就。"可是，秦良玉从来不因为自己是一个女孩而自卑，常常以历史上的英雄激励自己。长大后，她嫁给了骁勇善战的将军马千乘。马千乘遇害后，她就接替了丈夫的官职，继续在战场上杀敌。她带领的军队纪律严明，英勇善战，远近闻名。秦良玉是第一位被朝廷正式封侯的女将，也是唯一一位被记载在中国正史当中的女将。

姓氏名人

战国时期医学家秦越人（扁鹊）；隋末唐初大将秦琼（字叔宝）；北宋词人秦观。

17. 许：许衡坚持道义

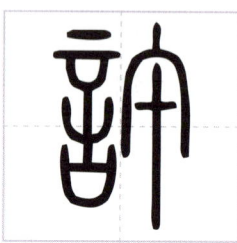

导读

许姓主要有两个来源：一是商朝灭亡后，周武王把伯夷的后代封在许国，他就是许文叔。许国灭亡后，他的后代就以许为姓。二是尧帝时有一个叫许由的贤人，尧帝想让他继承自己的王位，被他拒绝了。许由后来隐居在大山里，传说他是许姓祖先。

小故事

许衡坚持道义

许衡是我国金末元初著名的理学家、教育家。

有一年夏天，许衡和朋友一起赶路，走得满头大汗，渴得不得了。这时，他们看见一棵梨树，上面有很多梨。同伴全都跑过去摘梨，只有许衡坐在树下没动。大家一边吃梨，一边问他："你怎么不去摘梨？"他说："梨树没有主人，但我的心有主人。不符合道义的事，我不会做。"

姓氏名人

东汉文字学家许慎；三国时期魏国猛将许褚（chǔ）、谋士许攸；北宋画家许道宁。

18. 何：何易于挂笏引舟

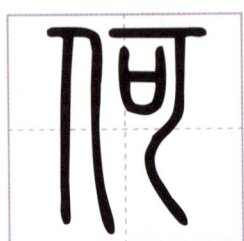

战国时，韩国被秦国吞并后，它的一部分后代逃到江淮一带，称自己姓韩。当地"韩"和"何"读音相近，"韩"就慢慢变为"何"了。

何易于是唐代人，曾在四川益昌县（今四川绵阳附近）做县令。他勤政爱民，深受百姓的爱戴。

有一年春天，刺史崔朴带着宾客乘船到益昌游玩，船一到，就下令民夫在岸上拉船前行。

当时正好是农忙季节，农人都忙着植桑种田。何易于就亲自上阵，把官员的手板挂在腰上，裤腿卷得高高的，和民夫们一起拉船。他使出了全部的力气，累得满头大汗。

崔朴觉得拉船的人很眼熟，走近一看，才发现是县令，于是惊讶地问："你怎么在这里？"何易于说："乡亲们都忙着耕种，一点儿时间也不能耽误。我宁愿自己来当这个差。"崔朴听了很惭愧，便灰溜溜地离开了。

三国时期魏国玄学家何晏；明代文学家何景明；晚清诗人、书法家何绍基。

19. 吕：吕蒙读书

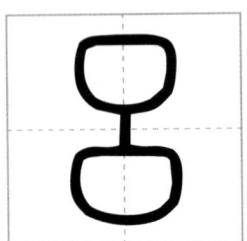

吕姓主要来源于姜姓。上古时，有一个叫姜伯益的人，因为帮助大禹治水有功，被封为吕侯，在现在的河南南阳附近建立了吕国。春秋时，吕国被楚国所灭，它的后代就以国为姓，称自己姓吕。

吕蒙读书

三国时，东吴有一个人叫吕蒙。早年因为家里很穷，没读过什么书，但是他英勇善战，后来当了大官。

有一次，吴主孙权对吕蒙说："你现在掌管国家大事，不多读一点儿书可不行。"吕蒙连忙说自己很忙，没时间读书。孙权说道："连我都经常读书，难道你比我还忙吗？"在孙权的督促下，吕蒙开始发奋读书。

后来，名士鲁肃到吕蒙的营地巡视，两个人在空闲时聊起军事问题，吕蒙提了一些建议。鲁肃感到意外又惊喜，拍着吕蒙的后背说："你现在有勇有谋，早已不是过去的那个阿蒙了。"

姓氏名人

战国时期秦国丞相吕不韦；汉高祖刘邦的皇后吕雉（zhì）；北宋宰相吕蒙正；南宋哲学家吕祖谦。

20. 施：施耐庵与《水浒传》

施姓一族是殷商七族之一，周公旦平定武庚之乱后，殷商七族都被周文王的儿子康叔管理，他将施姓一族的职责定为制造旗帜。

施耐庵与《水浒传》

《水浒传》是中国"四大名著"之一，是一部描写梁山英雄反抗斗争的长篇小说。相传，《水浒传》的作者施耐庵才华过人，喜欢看各种各样的书，尤其是民间文学。从南宋起，宋江等绿林好汉的故事就在民间广泛流传，《大宋宣和遗事》里面就记载了很多有趣的故事，比如《智取生辰纲》《宋江杀阎婆惜》《杨志卖刀》等。民间说书也有《孙立》《花和尚》《李逵负荆》等名目。到了元末明初，施耐庵在这些水浒故事的基础上创作出《水浒传》，对中国文学产生深远影响。

唐代大将施世瑛；清初将领施琅（láng）。

21. 张：张良敬老得兵书

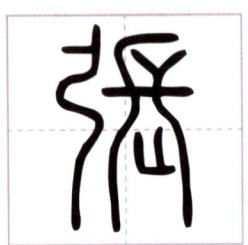

导 读

相传，挥是黄帝的孙子，因为发明弓箭而当了弓长，负责制造和管理这种武器。后来，他把官职中的"弓"和"长"合在一起，作为自己的姓，就有了张姓。

小 故 事

张良敬老得兵书

一天，张良在路过一座桥时，看见桥上有一位老人。老人故意把鞋扔到桥下，让张良去捡。张良看他年岁高，就帮他捡了回来。可是，老人居然还要张良帮他穿鞋。张良没和他计较，就跪

在地上帮他穿上了鞋。没想到老人连声"谢谢"都没说,头也不回地走了。

走出几步,老人转回来对张良说:"五天后的早上,我们在这里见面。"五天后,张良到的时候,发现老人早就已经在等他了。老人很生气,与张良另约他日。后来,张良为了不迟到,半夜就赶到了那里。老人到后很高兴,把一本《太公兵法》送给了他。

张良认真研读这本书,对兵法逐渐了如指掌,辅佐刘邦建立了汉朝。

姓氏名人

战国时期谋士张仪;西汉外交家张骞(qiān);东汉科学家张衡;三国时期蜀国大将张飞;北宋画家、《清明上河图》的作者张择端。

22. 孔：孔子学琴

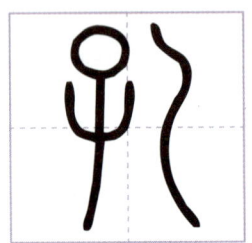

导读

孔姓主要有两个来源：第一，创建商代的成汤姓子，字天乙，他的后人把他的姓"子"和字"乙"合在一起，称自己姓孔。第二，商纣王的哥哥微子启的后代中有一个叫孔父嘉的人，他的子孙逃难到鲁国后改姓孔，孔子就是这个家族的后代。

小故事

孔子年轻的时候曾向鲁国一位叫师襄子的乐官学琴。学了一段时间后，师襄子对孔子说："这首曲子你已经弹得很好了，

可以学习新的曲子了。"孔子说:"不行,我还没有掌握弹奏技巧呢。"

又过了一段时间,师襄子对孔子说:"你已经完全掌握了弹奏技巧,可以学习新的曲子了。"孔子说:"但我还没有体会到这首曲子的意境啊。"孔子又坚持练习了很久,师襄子说:"你已经领会了曲子的意境,可以学新内容了。"孔子说:"可是我还不了解作者。"

就这样,孔子一直练习这首曲子。有一天,孔子弹奏的时候脑子里突然灵光闪现,站起来看着远方说:"这首曲子的作者身材修长、长得黑黑的,志向远大,不是周文王,还能是谁?"

孔子刚说完,师襄子就高兴得站起来,一边向孔子行礼,一边说:"没错,这首曲子就叫《文王操》。"

姓氏名人

西汉经学家孔安国;东汉文学家孔融;唐代经学家孔颖达。

23. 曹：曹冲称象

曹姓主要来源于姬姓。西周时期，周武王有一个弟弟叫叔振铎，被封在曹地（今山东曹县），世称曹叔振铎。春秋末年，曹国被宋所灭，其后代就称自己姓曹。

曹冲称象

三国时曹操有一个儿子叫曹冲，非常聪明，喜欢思考问题。有一次，一个小国送给曹操一头大象，曹操想知道它有多重，却不知道该怎么称量，就叫大臣们一起想办法。大臣们议论纷纷，

有的说，把大象吊起来称；有的说，干脆把大象杀死，然后分成一块一块称。他们你说一句，我说一句，都没有想出什么可行的办法。

这时，曹冲和几个小伙伴正好来看热闹，曹冲说："这个好办。先把大象赶到一只船上，刻下船在水中的深度，然后把大象赶下来，放上等量的石头就可以了。"大臣们恍然大悟，都夸曹冲是个聪明的孩子，按照他的办法，果然称出了大象的重量。

姓氏名人

春秋时期鲁国军事家曹刿（guì）；东汉末年政治家、军事家、诗人曹操；三国时期魏国文学家曹丕（曹操之子）、文学家曹植（曹丕之弟）；清代文学家曹雪芹。

24. 严：爱国的严复

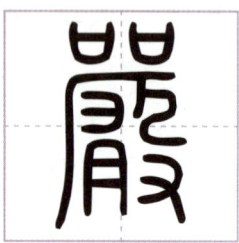

春秋时期，楚庄王的部分后代以他的谥号为姓，称自己姓庄。到东汉明帝刘庄时，庄姓为避刘庄讳，就用同义词"严"代替了庄为姓。

爱国的严复

严复是清代末年人，他是中国近代著名的启蒙思想家、翻译家。他一生坚持科学思想，勇于追求真理，翻译了很多著作，包括《天演论》《原富》等，系统地将西方的社会学、政治学、哲学和自然科学介绍到中国。严复被称为中国近代史上向西方国家寻找真理的"先进的中国人"。

此外，严复还把先进的理念运用到开办学校教育中，主张"教育救国"，用自己的行动报效国家。

东汉隐士严光；南宋文学批评家严羽；清代文字学家严可均。

25. 金：怪才金圣叹

相传，黄帝的儿子少昊为金天氏，他的一些子孙就以金为姓。还有一种说法是，西汉时，匈奴太子日（mì）䃅（dī）曾侍奉武帝，武帝把他装扮成金色的人参加祭天大典，并赐姓金。

怪才金圣叹

明末清初的学者金圣叹是一个很幽默的人，他非常厌恶科举制度。传说有一次，他被迫参加乡试，试题是以"西子（西施）来矣"为题，写一篇即兴论文。他想捉弄一下考官，就在纸上写道:"开东城,西子不来;开南城,西子不来;开北城,西子不来;开西城,则西子来矣!"考官非常生气,说道:"秀才去矣,秀才去矣。"

后来,清代盛行文字狱,迫害了很多读书人。金圣叹气愤地率领学生在孔庙大声痛哭,被朝廷下令处死。儿女们去牢里见他最后一面,他却一点儿也不伤心,还对孩子们说:"把花生米和五香豆腐干同时放进嘴里嚼,和肉的味道差不多,千万不要告诉刽子手们,免得他们用这个办法发大财。"他的话让孩子们哭笑不得。

唐代诗人金昌绪;明代散曲家金銮(luán);清代书画家金农。

26. 魏：神童魏源巧对对联

春秋时期，毕万的后代魏斯建立魏国，定都安邑（今山西夏县），他就是魏文侯。魏国灭亡后，他的后代就开始姓魏。另一种说法是，秦国穰（ráng）侯魏冉是楚王的后代，姓芈（mǐ），后改姓魏，世代相传。

小故事

神童魏源巧对对联

清朝末年,湖南邵阳有一个叫魏源的小孩子,聪明过人,是远近闻名的神童。九岁那年,他就参加了县里的童子试。考官觉得他年纪太小,为了看看他的本事,就出一个上联来考他:"闲看门中树。""门"和"木"加在一起恰好是"闲"字。他马上就领会,对出下联:"思耕心上田"。"心"和"田"合在一起就是"思"。

第二天在考场上,县令也想考考他,就指着自己茶杯上的太极图说:"杯中含太极。"魏源摸了摸兜里的饼,回答道:"腹内孕乾坤。"县令对他赞赏不已。后来,魏源成为我国著名的思想家、史学家和文学家。

姓氏名人

"战国四公子"之一魏无忌(信陵君);三国时期蜀国将军魏延;唐代政治家魏徵。

27.陶：陶渊明不为五斗米折腰

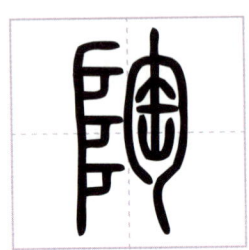

在担任君主之前，尧帝曾在唐地居住过，后来搬迁到了陶，称自己为陶唐氏。尧的一部分后代便以封地为姓，称自己姓陶。还有一种说法是，陶姓是周武王的弟弟康叔管理下的殷商七族之一，负责陶器制作，他们的后代就以陶为姓。

小故事

陶渊明不为五斗米折腰

陶渊明是东晋著名的诗人，曾在彭泽（今江西九江）当县令，为官清廉正派。有一次，郡太守派一名督邮官到彭泽县视察。督邮有些权势，是太守面前的大红人。他一到彭泽的旅舍，就命县吏去把县令叫来。

陶渊明生性直爽，从来不拍大官的马屁。他瞧不起这种借上司的名义发号施令的人。县吏对陶渊明说："大人，您最好换上官服见督邮，不然督邮会趁机为难您的。"陶渊明叹了口气说："我怎么能为区区五斗米的官俸向乡里小人弯腰呢？"后来，他辞去仅仅做了81天的县令一职，头也不回地离开了彭泽。

姓氏名人

东晋大将陶侃；南朝齐梁时期思想家、医药家陶弘景；元末明初文学家陶宗仪。

28. 姜：姜太公钓鱼

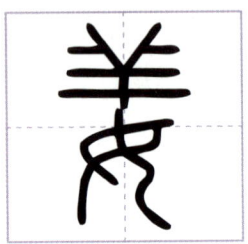

姜姓主要来源于炎帝。相传，炎帝出生在姜水边，他的后代就以姜为姓。

姜太公钓鱼

姜太公就是姜子牙，在得到重用之前，他一直住在陕西渭水附近，那里是周族领袖姬昌（周文王）的领地。为了吸引姬昌的注意，他经常在河边钓鱼。

一般人钓鱼都是用弯钩，在钩上挂一块饵食，然后放进水里，等着鱼儿上钩。太公的鱼钩却是直的，上面空空的，也没有沉到水里。

传说有一天，一个打柴的人看见姜太公钓鱼，便问道："老先生，你这样怎么可能钓到鱼呢？"太公说："我可不是为了钓鱼，我要钓的是王和侯。"

姬昌很快就听说了这件事，于是亲自去请太公。太公被姬昌的诚意打动，答应辅佐他。

后来，太公不仅帮助姬昌振兴国邦，还帮助他的儿子武王灭掉了商朝，武王就把姜子牙封到齐地。

三国时期蜀国大将姜维；南宋词人姜夔（kuí）。

29. 谢：谢颖苏画鹅

导读

西周时，周宣王将舅父申伯封在谢地（今河南唐河），其后代就开始姓谢。

小故事

谢颖苏画鹅

谢颖苏是清朝末年的一位画家。传说每天清晨，他都习惯登上高楼看周围的风光。正当初春时节，杨柳抽芽，桃花盛开，河水在阳光的照耀下泛着银光，春风

吹过，还有一丝凉意。

一天，他看见一个老人拿着长竿赶着大鹅，从远处走来。鹅群欢乐地在河边觅食，可是老人衣着单薄，有些瑟瑟发抖。谢颖苏赶紧拿起笔，画就了一幅《早春牧鹅图》，然后拿着画，匆匆下楼，来到老人身边说："大爷，我拿这幅画换您一只大鹅，好吗？现在集市上正热闹，您带着画去集市，说是谢颖苏画的，值不少银两呢！"老人拿着画半信半疑地去了集市，果真换回了许多银两。他高兴极了，要把鹅都送给谢颖苏。谢颖苏笑着说："不用啦，让它们在水里快乐地玩耍吧！"

姓氏名人

东晋政治家谢安、军事家谢玄（谢安之侄）、女诗人谢道韫（谢安侄女）；南朝宋诗人谢灵运。

30. 邹(zōu)：邹忌照镜

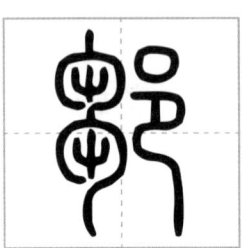

春秋时，颛顼有一部分姓曹的后代被封在邾国。后来，邾国一度成为鲁国的附属国，鲁穆公曾将国号改为邹，这部分后代就改姓了邹。另有一种说法是，春秋时，宋国正考父生活在邹（今山东邹县东南），所以他的子孙以邹为姓。

邹忌照镜

战国时期，齐国有一个叫邹忌的人，长得英俊潇洒。一天早晨，邹忌一边照镜子一边问妻子："你觉得我和城北的徐公相比，谁更漂亮？"妻子回答道："当然是您。"城北的徐公是齐国有名的美男子，邹忌不自信，就又问他的妾和到他家的客人同样的问题，他们的回答都和他妻子一样。

第二天，徐公来拜访邹忌，邹忌自叹不如。几天后，邹忌在朝堂上对齐威王说："我的妻子喜欢我，妾害怕我，客人有求于我，所以都说我比徐公漂亮。喜欢您、害怕您、有求于您的人更多，您肯定受到了很大的蒙蔽。"

于是齐威王立刻下令，任何人都可以当面指出他的错误，并且重重有赏。一时间，皇宫里热闹非凡，大家都来进言规劝。慢慢地，为君主提建议的人越来越少。一年后，人们已经无话可说了。

战国末期哲学家邹衍（yǎn）；西汉文学家邹阳；明代贤臣邹应龙。

31. 窦^{dòu}：窦融归汉

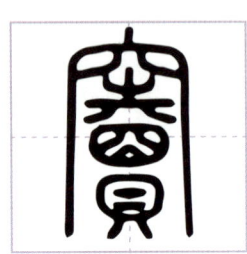

夏朝有个皇帝叫相，终日不理朝政，被外族所杀。相的妃子当时已经怀孕，慌慌忙忙地从窦（洞）中逃了出去，并生下孩子，取名少康。后来，少康夺回王位，他的儿子为纪念祖母逃难的举动，就以窦为姓，世代相传。

窦融归汉

新朝末至东汉时期的窦融，曾是王莽手下的一名大将军。王莽兵败后，他向更始军投降。后来更始帝失败，窦融被酒泉、敦煌郡地方官吏推举为河西五郡大将军,掌管武威、张掖、酒泉、敦煌、金城五郡的兵马大权。在他的精心治理下,河西人民安居乐业、生活富足。

当时,汉军首领刘秀的实力不断壮大,窦融便去投奔他。刘秀非常看重他,任命他为凉州牧,还封他为安丰侯。在职期间,窦融将地方管理得井井有条,为东汉的经济建设和社会稳定做出了巨大的贡献。

西汉窦太后、大臣窦婴;东汉将军窦固、窦宪;五代后周大臣窦禹钧(字燕山)。

32. 章：章学诚"笨鸟先飞"

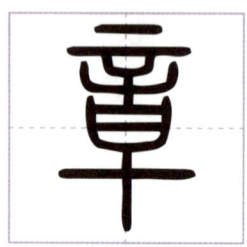

齐太公姜子牙的一支子孙被封在鄣（今山东章丘）。春秋时，鄣国被齐国所灭，鄣国的后人便去掉右边偏旁"阝（邑）"，改姓为章。

章学诚"笨鸟先飞"

章学诚是清代著名的史学家、思想家。他小时候学习不好，经常挨老师的板子。同学们都取笑他，他却满不在乎地说："记性差没事，我笨鸟先飞就行了。"他说到做到，别人只需要读几遍就能熟悉的文章，他往往要读几十遍，甚至上百遍。有不懂的地方，他就抄下来，虚心地请教老师和同学，或者去查工具书。

读《中庸》的时候，章学诚突然明白了一个道理：别人只要一次就能学会的知识，我练习一百次，照样能学会；如果别人要十次才能学会，那么我练习一千次，说不定也能做到。

从此以后，章学诚更加刻苦、勤勤恳恳，最终成为一代学术大师。他有很多著作，其中以《文史通义》最为著名。

明代理学家章潢、大臣章溢；清代大臣章煦、思想家章炳麟（号太炎）。

33. 苏：学无止境的苏轼

苏姓是从己姓演变而来的。相传颛顼的后代被封在苏（今河南境内），苏国灭亡后，其子孙就以国名为姓。

学无止境的苏轼

北宋文学家苏轼年少时聪明过人，读了很多诗书，非常有学问，人们对他赞赏不已。时间长了，他就有些骄傲自满。

相传，苏轼家门前有一副对联："识遍天下字，读尽人间书。"从"遍"和"尽"两个字中，可以看出他的年少轻狂。一天，一个白胡子老头专门来拜访他，并给他带了几本书。苏轼满不在乎地接过书扫了一眼，发现书中的字好多都不认识，惭愧地低下了头。

老人离开后，苏轼在门前的对联上加了四个字，对联就变成了："发奋识遍天下字，立志读尽人间书。"苏轼对待学问的态度也变得更谦虚了。

战国时期谋略家苏秦；西汉大臣苏武；北宋散文家苏洵（苏轼之父）、苏辙（苏轼之弟）。

34. 潘：潘岳与柏树转枝

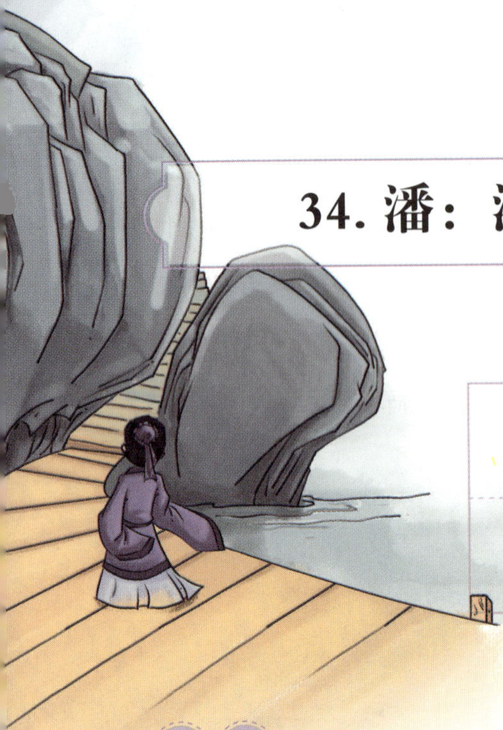

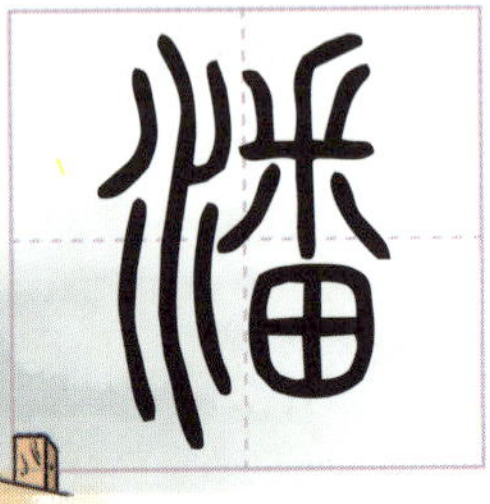

导读

周文王的后代姬高被封在毕国（今陕西咸阳西北），后来他的儿子季孙被封在潘（今陕北一带），其后代就开始姓潘。

潘岳与柏树转枝

西晋时，有一个远近闻名的美男子，名叫潘岳，也有人叫他潘安。他不仅是一位了不起的文学家，还是一个为百姓办事

的好官。他在河阳县当县令时,乡亲们送给他一株翠柏。他亲手把它种下后,没多久树就长得又高又粗,叶子也非常茂密。

奇怪的是,那棵柏树后来几乎全部枯萎了,只有朝着潘岳那个方向的树枝还是绿油油的。后来,潘岳离开了河阳县,柏树活着的树枝也跟着转动,始终朝向潘岳做官的地方。这就是历史上有名的"柏树转枝"的故事。

西晋文学家潘尼;明代水利家潘季驯;清代画家潘恭寿。

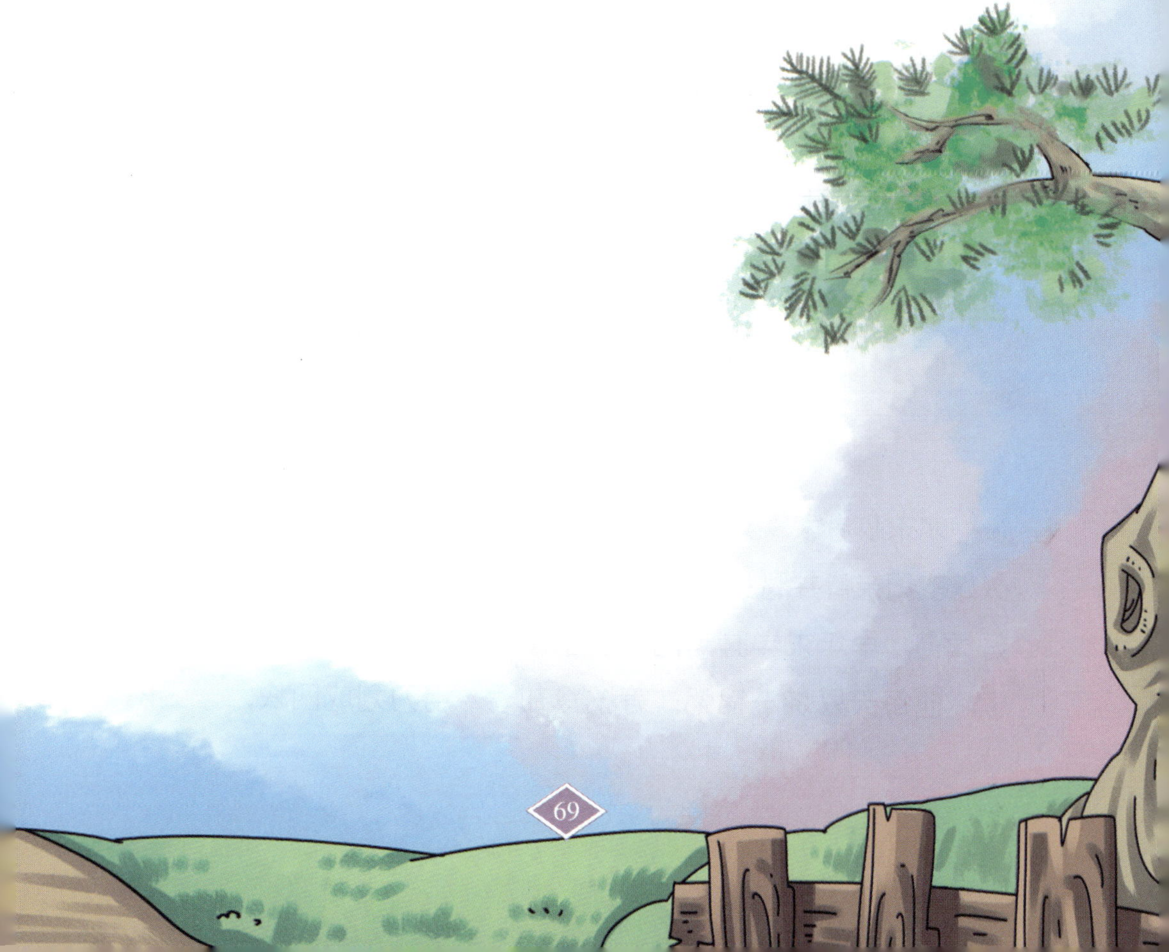

35. 范：范仲淹断齑画粥

春秋时期，晋国国君把尧帝的后代士会封在范（今河南范县），他的后代就以封地为姓。

范仲淹断齑画粥

北宋政治家、文学家范仲淹两岁的时候父亲就死了，他跟着改嫁的母亲背井离乡，生活十分贫困。但他从小就很有志气，爱好读书。早年求学时，他曾借住在一所寺庙的僧房里，昼夜苦读。他每天只烧一锅粥，等粥冷却后，用刀划成四块，一天两餐,早晚各吃两块。菜呢,也只是将就一些咸菜。后来,人们称他这种安于贫困的生活为"断齑画粥"。范仲淹也成为历史上刻苦好学的典范。

春秋末年越国大夫范蠡(lǐ);秦末西楚霸王项羽的谋士范增;南朝宋史学家范晔(yè);南宋诗人范成大。

36. 鲁：鲁班学艺

西周时期，周武王的弟弟周公旦被封在鲁（今山东西南），但是他一直留在周都（今陕西西安）辅佐周成王，就派儿子伯禽去了鲁地，其后代就以鲁为姓。

鲁班学艺

鲁班是春秋时期鲁国人，年轻的时候曾到终南山跟一位老师傅学艺。相传在学艺前，师傅让鲁班先去砍了十二天树，接着让他用十二天把树干刨光，最后让他在树干上凿两千四百个眼儿。鲁班都做到了，老师傅才答应收他为徒。

师傅告诉鲁班，当他能把所有的模型拆下来再安装好，手艺才算是学好。鲁班便把所有的模型都拆了三遍，装了三遍，刻苦钻研。

鲁班苦学三年，终于把所有手艺都学会了。一天，师傅想考考他，就把模型全都毁掉了，让他重新造。没想到，他不但全都造出来了，还发明了很多新模型，师傅非常高兴，就让他出师了。

后来，鲁班造了许多桥梁、房屋和家具，还收了很多徒弟，被人们尊为木工的祖师。

三国时期吴国大将鲁肃；西晋学者鲁胜；南宋画家鲁宗贵。

37. 马：马超反曹

马姓起源于战国。赵国有一位大将叫赵奢，他文武双全，在与秦国的战争中立下了很大的功劳，所以赵王把一个叫马服（今河北邯郸）的地方赏给了他，他的后代就开始姓马服，后来逐渐简化成了马。

马超反曹

马超是三国时期蜀国名将，一度对曹操造成了极大的威胁。

曹操多次想拉拢他，但都被他拒绝了。

　　曹操曾亲自率领中原大军西征马超。有一次，马超突袭曹军，曹军来不及反应，被箭雨围困，曹操几乎丧命，多亏部下许褚拼死救出。曹军将领丁斐在危急时刻心生一计，在河岸放出大量牛马诱敌，马超的士兵顾不上乘胜追击，都跑去抓牲口了。马超控制不了局面，曹操才趁机逃脱。

姓氏名人

　　东汉文学家马融；三国时期蜀国大臣马谡（sù）；元代戏曲和散曲作家马致远；清代女画家马荃（quán）。

38. 方：方孝孺不屈不挠

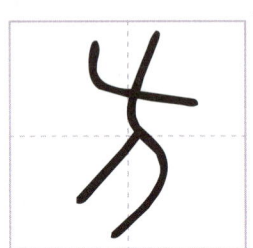

周宣王的大臣姬方叔是黄帝后裔方雷氏的后代，他因平定南边荆人的叛乱有功，被宣王赐姓为方。

方孝孺不屈不挠

明代大儒方孝孺在辅佐明惠帝的时候，北方的燕王朱棣发动叛乱，坐上了皇帝的宝座。燕王是明惠帝的叔叔，

他夺了皇位后把原来的大臣都抓了起来。大部分人为了保命向燕王投降，只有方孝孺不屈服。

燕王占领京城后，让方孝孺写一份诏书，昭告天下立燕王为帝。方孝孺宁死不从。燕王大怒，威胁他说："你难道不怕我灭你九族吗？"方孝孺张口就骂："就算是灭我十族也不怕。"燕王恶狠狠地说："好，那就灭十族。"结果，方孝孺的家人、老师、门生全都被处死了。方孝孺死后，当时的读书人悲伤地说："天下的读书种子灭绝了。"

北宋末年农民起义首领方腊；明末思想家、科学家方以智；清代散文家方苞。

39. 俞：俞伯牙摔琴谢知音

导 读

相传，黄帝的一个臣子叫俞跗（fū），他医术高超，注释并推广了一部重要的医学名著《素问》。他的名声与成就让后代自豪，后代就取其名中的"俞"字作为姓。

小 故 事

俞伯牙摔琴谢知音

战国时有一个叫俞伯牙的人，精通音律，琴艺高超。一天，俞伯牙乘船游玩，一时兴起就弹起琴来，他发现有一个人专心地在岸边听琴。这个人就是钟子期。

俞伯牙邀请钟子期上船，为他弹了一曲，钟子期称赞道："大人志在高山。"俞伯牙又弹了一曲，钟子期说："大人志在流水。"俞伯牙见他能听懂自己的音乐，很高兴，热情地邀请他喝酒，还约好明年再聚。到了第二年，钟子期不幸生病去世，俞伯牙伤心地来到他的坟前，弹了一首钟子期最爱听的曲子，然后把琴摔烂，从此不再弹琴。

为了纪念他们深厚的友谊，人们在他们相遇的地方建造了一座琴台。"知音"一词就来源于这个故事，用来比喻知己。

明代将领俞大猷（yóu）；清代学者俞樾（yuè）、画家俞宗礼。

40. 任^{rén}：有情有义的任敖

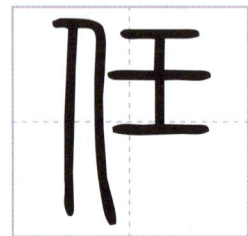

 导读

黄帝把他的儿子禺（yú）阳封在任地，禺阳的后代就以任为姓。

 小故事

有情有义的任敖

西汉开国皇帝刘邦早年在泗水当亭长的时候，和任敖结下了深厚的友谊。任敖为人豪爽，非常讲义气，为朋友两肋插刀的事没少做。

秦朝末年，刘邦弃职出走，得罪了官府。官府到处抓他，却

始终没有发现他的踪迹,于是把他的夫人吕雉(zhì)抓进监狱。任敖听说这件事后气愤不已,狠狠地教训了下令抓吕雉的官员。后来,任敖和刘邦一起起兵,被刘邦任命为上党郡守。吕雉成为皇后后非常感谢任敖当年对自己的照顾,任命他为御史大夫。

南朝梁文学家任昉(fǎng);明代将领任环;清末画家任颐(字伯年)。

41. 袁：大将袁崇焕

　　西周时，陈国的开国君主胡公妫（guī）满是舜的后代，他的十一世孙叫妫诸，字伯爰（yuán）。伯爰的后代以爰为姓，因"爰"和"袁"通，所以又称姓袁。

大将袁崇焕

明朝大将袁崇焕一直想做一番大事业，于是在明熹宗时期主动请求去宁远驻守边防。在短短几年的时间里，他把宁远变成了一座抵抗敌军进攻的坚固堡垒，敌军听到"袁崇焕"的名字就吓得浑身发抖。

后来，袁崇焕一次次率军打败努尔哈赤的军队，成功地守住了宁远和锦州，这就是历史上著名的"宁锦大捷"，明朝的东北边防由此变得更加稳固。但是，崇祯皇帝继位后，中了敌人的反间计，把袁崇焕处死了。

姓氏名人

东晋文学家袁宏；明代文学家袁宏道；清代诗人袁枚。

42. 柳：柳宗元解放奴仆

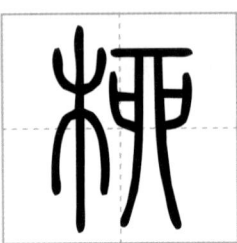

春秋时，鲁国有个负责刑狱执法的人叫展禽，他的官职名叫士师，他的封地在一个叫柳下（今河南濮阳）的地方，他的后代便以封地中的柳字为姓。

柳宗元解放奴仆

唐朝时，文学家柳宗元与韩愈齐名，他的名作很多，以《捕蛇者说》《小石潭记》最为脍炙人口。他不仅文学成就突出，也是个一心为民的好官。他当柳州刺史时，发现很多穷人把自己的孩子典当给有钱人做奴仆,如果到期不能用钱赎回来,孩子就只能一直在有钱人家当下人。他觉得这种恶俗需要改变,于是下令,穷人家的孩子在有钱人家干活时,主人必须给他们付工钱。等到工钱可以和债务抵消时,穷人家的孩子就可以获得自由。老百姓都对他的这种做法感激不尽。

姓氏名人

春秋时期鲁国大夫柳下惠(展禽);唐代书法家柳公权;北宋词人柳永;明末清初才女柳如是。

43. 史：史可法誓死不降

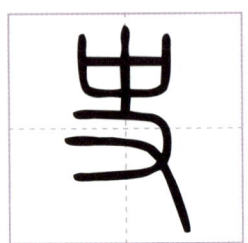

相传，黄帝时的大臣仓颉（jié）长有四只眼睛，非常善于观察，后来成了发明文字的史官，他的后代便以他官名中的史为姓。还有一种说法，史姓源于西周史官太史佚，他的后人以官名中的史为姓。

史可法誓死不降

清兵入关打到江南时，史可法被朝廷派到扬州当督师。在他的鼓励下，士兵和将领们振作精神、团结一心，誓死守卫扬州城。清军统帅多铎多次派人去劝降，史可法都毫不犹豫地拒绝了。多铎一气之下，下令用大炮轰开城门。

明军虽然多次击退清军的进攻，但是由于兵力差距过大，扬州最终还是落入清军手中。战败后，将领们纷纷表示，愿意帮史可法冲出清军的包围圈，他却当众发誓，就算是死，也绝不离开扬州，最后英勇就义。为了纪念他，后人在扬州城外的梅花岭为他建造了衣冠冢（zhǒng）。

姓氏名人

春秋时期卫国史官史鱼；南宋词人史达祖；清代大学士史贻直。

44.唐：唐赛儿巾帼不让须眉

传说，尧曾在一个叫唐的地方当部落首领。后来，尧的儿子被封为唐侯，建立唐国。唐国灭亡后，唐国国君的子孙就开始称自己姓唐。

唐赛儿巾帼不让须眉

明朝永乐年间，山东出现了一位叫唐赛儿的女英雄。唐赛儿原本只是一个普通的农村妇女，平时种田做饭，没事的时候就练习武艺。

后来，因为徭役赋税的负担过重，她的丈夫劳累过度，不幸去世。她伤心不已，召集数千名和他们一样的穷人，发起了轰轰烈烈的农民起义。在唐赛儿的带领下，起义军成功地将守城官军打得落荒而逃，穷苦百姓纷纷拍手叫好。很快，整个山东的百姓就都听说了女英雄唐赛儿的威名。由于起义军和明军力量相差太悬殊，农民起义最终还是失败了，但唐赛儿的名字一直铭刻在人们心里。

唐代大臣唐俭；明代画家唐寅（字伯虎）。

45. 薛：薛仁贵"三箭定天山"

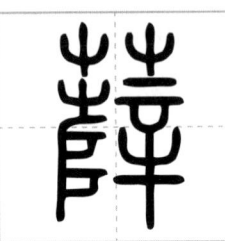

据传，夏朝时，黄帝的后代奚（xī）仲被封在薛国（今山东滕州），后来被齐国所灭，后代就改姓了薛。

薛仁贵"三箭定天山"

唐代著名将领薛仁贵从小就喜欢骑马和射箭，唐太宗时，他在与高丽的战争中表现英勇，得到朝廷的重用。

后来，北方的突厥民族经常侵犯唐朝边境，朝廷就派薛仁贵去迎战。突厥派出几员猛将，轮流向薛仁贵挑战。薛仁贵连发三支箭,一下就射死了三个突厥将军,把其他军士吓得落荒而逃。从那之后,民间就流传着这样一句话:"将军三箭定天山,壮士长歌入汉关"。

多年后,薛仁贵和突厥兵又在云州相遇,突厥人问:"你们的将领是谁?"唐军回答道:"薛仁贵。"突厥兵被薛将军的威名吓得大惊失色,唐军不战而胜。

姓氏名人

西汉开国大将薛欧;唐代书法家薛稷(jì)、女诗人薛涛;清代医学家薛雪。

46. 贺：贺铸壮志难酬

齐桓公有一个后人叫公子封，封的父亲叫庆客，所以他就以父亲名字中的"庆"为姓。到东汉安帝时，因为汉安帝的父亲叫刘庆，为避讳，人们就改"庆"姓为同义词"贺"，世代相传。

贺铸壮志难酬

北宋词人贺铸，身材魁梧，面色铁青，为人豪爽，被人称为"贺鬼头"。他虽然长相粗陋，却是一个才华横溢的人。他生活在北宋日益衰败的时代，关心国事，却报国无门，只留下"不请长缨，系取天骄种，剑吼西风”这样的豪放词句来表达壮志难酬的哀愁。

他的词不仅有英雄气的一面，也有儿女柔情的一面。一句“一川烟草，满城风絮，梅子黄时雨”为他赢得“贺梅子”的美名。

姓氏名人

唐代诗人贺知章；明代医学家贺岳。

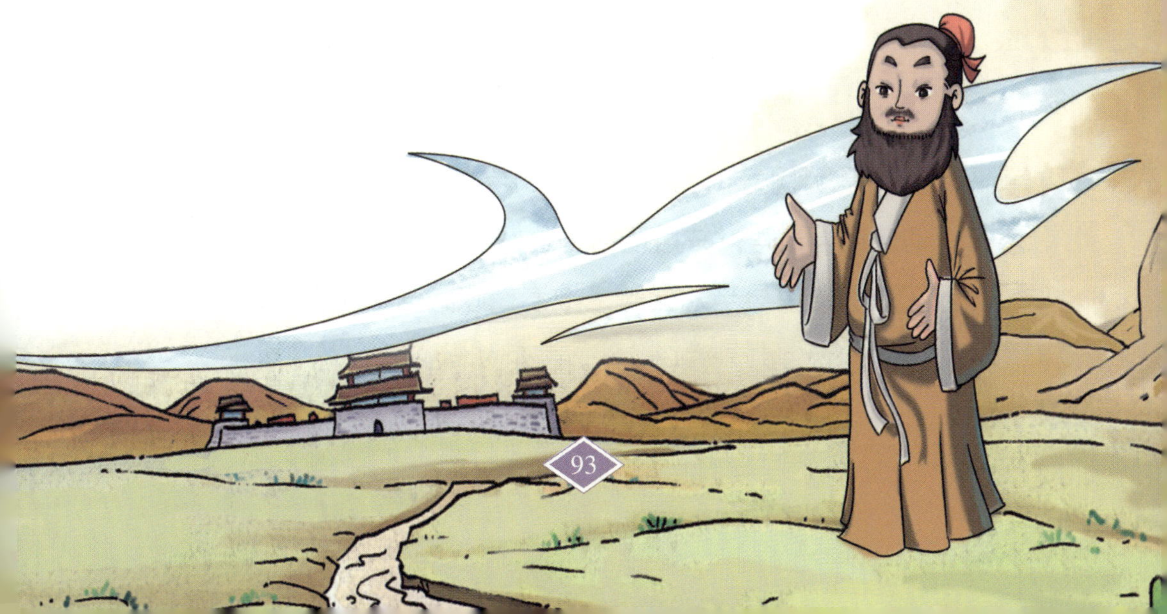

47. 汤：汤显祖释放囚犯

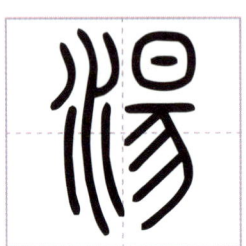

导读

汤姓的祖先是商朝的开国帝王成汤，史书中也作商汤，建立商朝后，他的一部分后代就开始以汤为姓。

小故事

汤显祖释放囚犯

汤显祖是明代著名的戏曲家、文学家，《牡丹亭》是他的代表作。他曾经当过官，并且在官场上做出过一些惊人的举动。

他在浙江遂昌县当知县时，推崇仁政。有一年春节，他下令把监狱中的囚犯全都释放，让他们回家过完年后再回到监狱里。人们都觉得犯人不可能按时回监狱，说他这样做太冒险，他却坚定地说：“你们都瞧好了，我相信他们一定会回来的。”

他说得没错，过完年后，犯人们都按时回到监狱，一个也不少。

姓氏名人

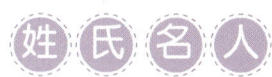

明初开国功臣汤和；清代画家汤世澍（shù）。

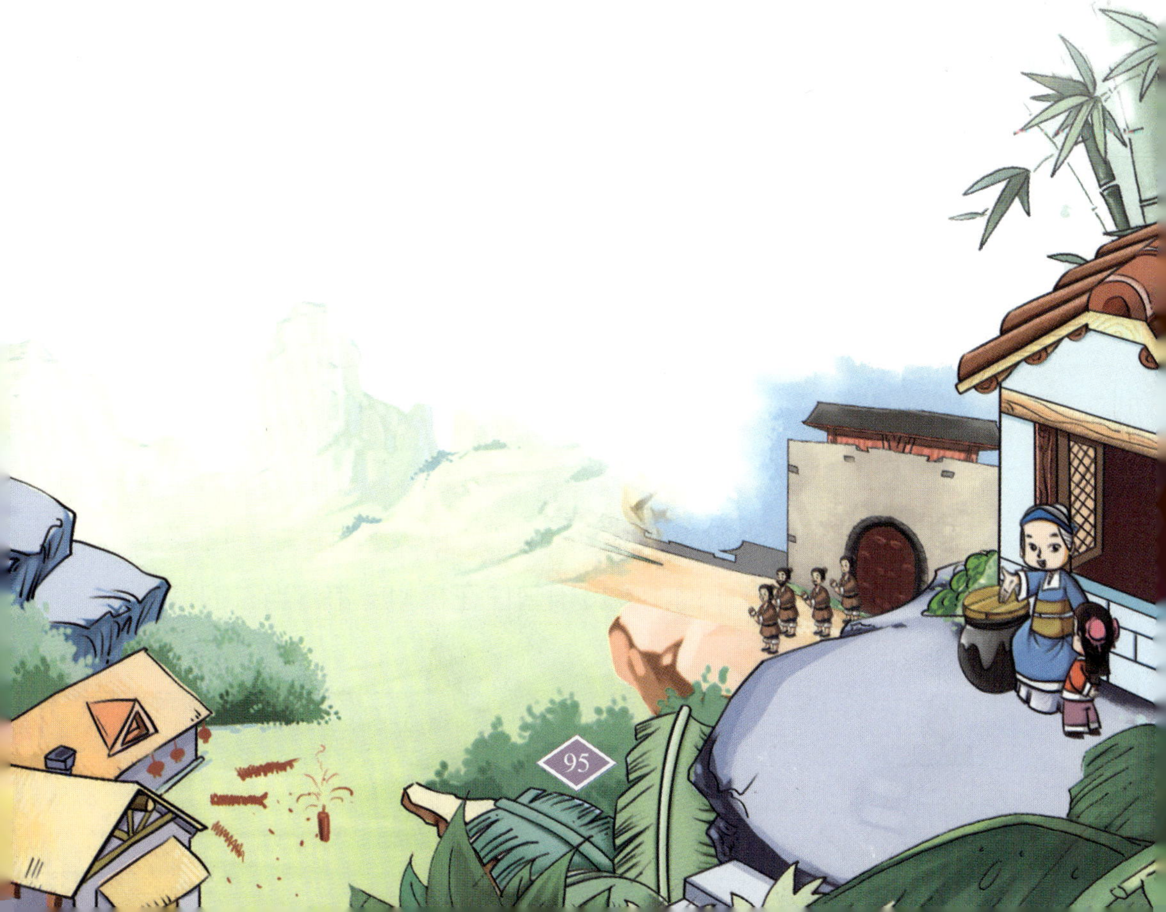

48. 罗：罗贯中与《三国演义》

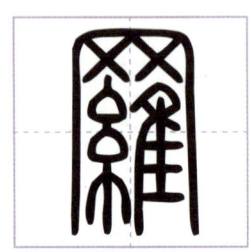

传说，罗姓的祖先祝融是黄帝的后代，专门掌管火种，是后人口中的"火神"。祝融的后代在春秋时建罗国。罗国灭亡后，后人便以原国名为姓。

罗贯中与《三国演义》

罗贯中是元末明初的小说家，中国"四大名著"之一的《三国演义》传说是他创作的。罗贯中曾住在杭州一带，当时的杭州

是一个繁华都市，平日有众多戏剧演出。受此影响，罗贯中也爱上了文学戏剧。为了写《三国演义》，他收集了数以百计的大小故事作为素材，一一了解各种历史人物。他从东汉末年黄巾起义写起，一直写到西晋统一，在小说中反映了动乱时代百姓的疾苦和对仁君、和平的向往。《赤壁之战》《空城计》等脍炙人口的篇章充满传奇色彩。《三国演义》是中国历史小说的杰作。

唐代军事家罗士信、文学家罗隐。

49. 毕：毕昇和印刷术

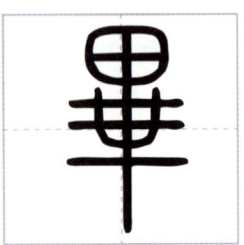

西周初年，周武王把一个叫毕邑的地方赏给了自己的弟弟姬高，姬高后来建立了一个小诸侯国，叫作毕国，他就是毕公高。后来，毕公高的后人就称自己姓毕。

毕昇和印刷术

唐宋以来，人们在印刷书籍时使用的大多是雕版印刷工艺。雕版印刷有一个不方便的地方，制版师傅在版上只要刻错一个字，这块版就不能用了，必须重新刻。雕版印刷的费力耗时使印刷铺工人毕昇开始琢磨起改进印刷工艺的事。

　　传说有一天，他在湖边游玩，看见一位画家正在把三个图章捆在一起，往画上盖。毕昇受到很大的启发，他把每一个单字都做成活字，印刷的时候再把活字根据文章需要排在一起。活字印刷术就这样产生了。

姓氏名人

　　南宋将领毕再遇；清代文学家毕沅。

50. 于：神童于谦

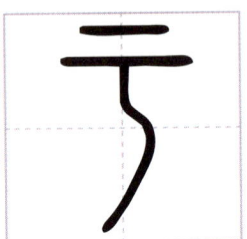

于姓主要来源于邘（yú）姓，是以国名为姓。周武王把自己的第三个儿子封在邘国，他就是邘叔。后来，他的后代将"邘"简化成"于"，称自己姓于。

神童于谦

明代名臣于谦从小就勤奋好学，读了很多书，文学功底深厚，是对对子的高手。传说有一天，父亲和他一起外出，经过凤凰台的时候，父亲随口说了一句："今日同上凤凰台。"于谦立刻就对了一句:"他年独占麒麟阁。"

还有一次,学生们在教室里吵闹,老师非常生气,要惩罚他们。于谦说:"您教给我们的,我们全都学会了,不信的话,您可以考考我。"老师出上联:"手攀屋柱团团转。"于谦脱口而出:"脚踏楼梯节节高。"老师又出一题:"三跳跳落地。"于谦轻松对答:"一飞飞上天。"老师高兴地说:"这个孩子一定会有大出息。"

三国时期魏国大将于禁;隋代将军于仲文;清代贤臣于成龙。

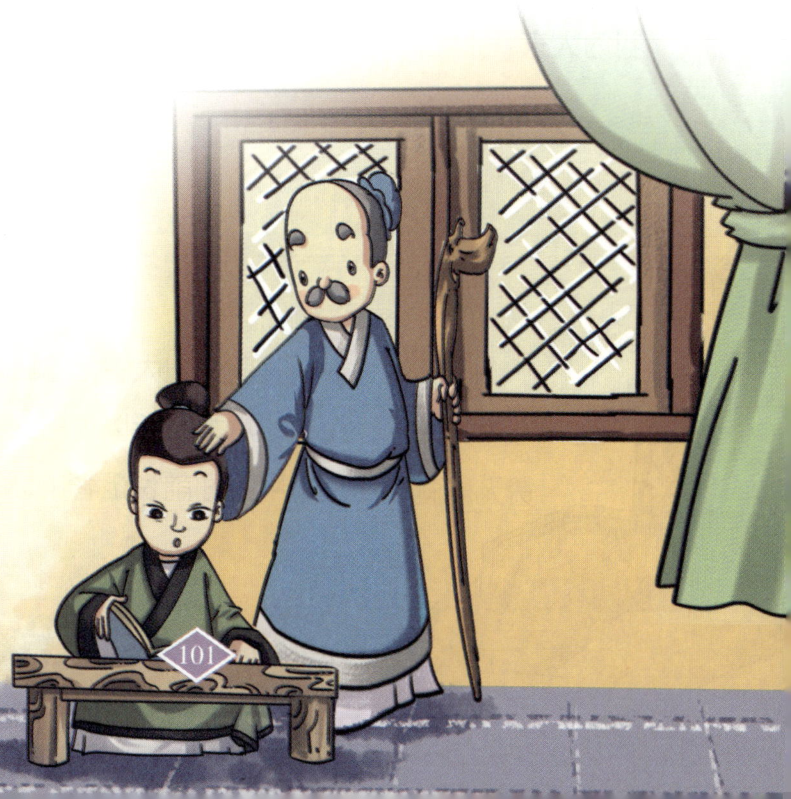

51. 伍：伍子胥一夜白头

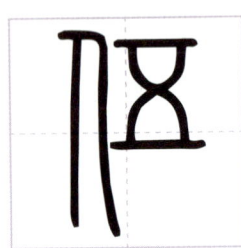

导读

春秋时，楚庄王有个宠臣姓芈，名伍参。伍参智慧贤明，被封为大夫。于是，他的后代就以先祖的名字为姓。

小故事

伍子胥一夜白头

伍子胥是春秋时期楚国大夫伍奢的二儿子。楚平王封伍奢为太师，权力非常大，所以很多官员都嫉妒他。少师费无忌就经常在楚平王面前说伍奢的坏话，想除掉伍奢父子三人。后来，伍子胥的哥哥被楚平王关了起来，伍子胥却逃走了。

为了捉拿伍子胥，楚平王命人到处张贴他的画像。伍子胥想去吴国，但吴国太远，他只好去宋国投奔太子建。宋国当时正好有内乱，他便和太子一起逃到郑国。太子和晋国勾结想夺取郑国，不料阴谋败露，被郑国国君杀死。伍子胥只好独自一人去投奔吴国。

后来，传说扁鹊的弟子东皋公找到一个和伍子胥长得很像的人，派他出关，吸引守卫的注意。伍子胥因逃命焦虑而一夜白头，这才蒙混过关。

姓氏名人

唐代贤臣伍正己；南宋将领伍隆起。

52. 顾：大学问家顾炎武

夏朝时，有一个小国叫顾，在今天的河南范县东南一带。顾国被商汤吞并后，顾国人就开始称自己姓顾。

大学问家顾炎武

顾炎武是我国明末清初杰出的思想家、学者，从小就特别喜欢读书。传说他不仅把《资治通鉴》从头到尾读过，还一字不少地抄了下来。不管去哪里，他都会带上两只骡子，驮着必备的图书。就连赶路时，他也手不释卷，默默地背书。如果什么地方想不起来了，他就会停下来，翻开书本查找，找到了才上路。凭着刻苦好学的精神，他成了著名的大学问家，被人们称为清代学术的“开山之祖”。

姓氏名人

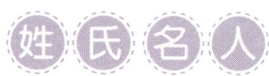

东晋画家顾恺之；唐代诗人顾况；清代历史地理学家顾祖禹。

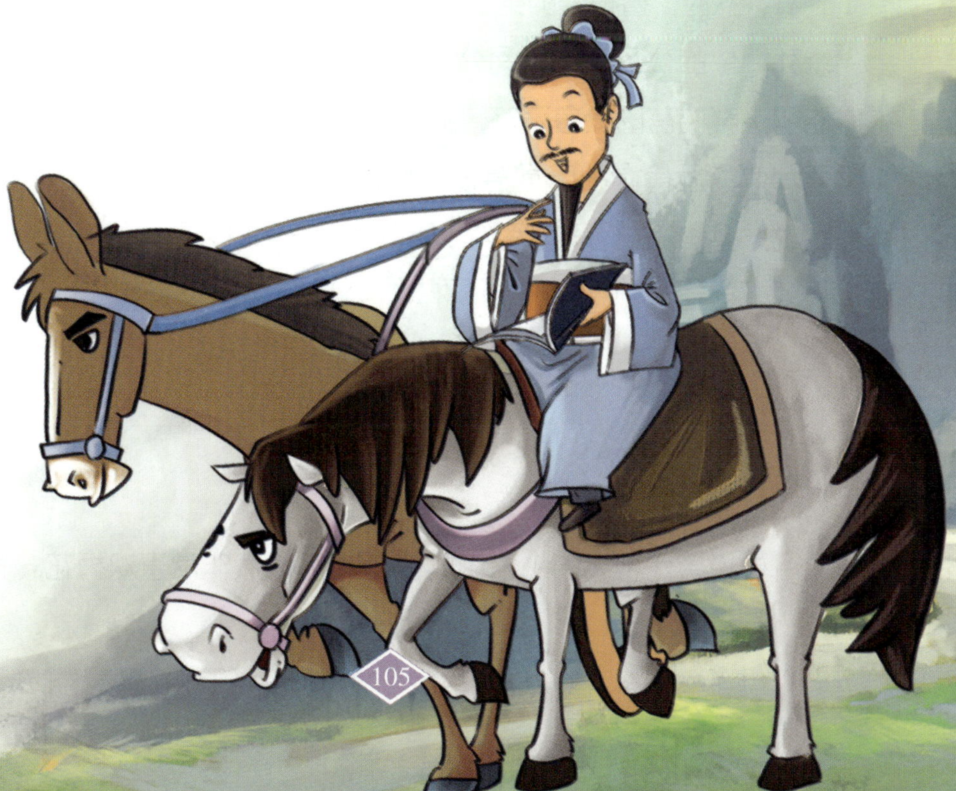

53. 孟：孟浩然踏雪寻梅

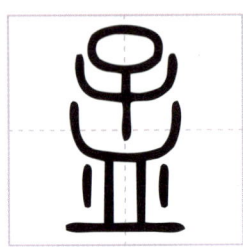

春秋时，鲁桓公的第二个儿子仲庆父趁弟弟鲁庄公去世之机，杀死即位的公子般和鲁闵公，制造内乱，引起鲁国人不满。后来他所逃奔的莒国受鲁贿赂，把他送回鲁国，仲庆父在途中自缢而死。他的后代仲孙氏觉得很耻辱，就改为孟孙氏，后改为孟姓。另说，卫襄公的儿子字孟公，所以他的后代就以孟为姓。

孟浩然踏雪寻梅

传说唐代著名的山水田园派诗人孟浩然非常喜欢梅花。有一

次，他冒着鹅毛大雪，骑着驴，到灞（bà）陵寻找梅花，一边还自言自语道："吾诗思在灞桥风雪中驴子背上。"孟浩然认为自己创作诗歌的灵感都是在灞桥风雪中的驴背上产生的。用这句话来形容文人雅士赏爱风景、苦心作诗的闲情逸致再恰当不过了。

战国时期思想家、教育家孟子；唐代诗人孟郊。

54. 黄："巧姑娘"黄道婆

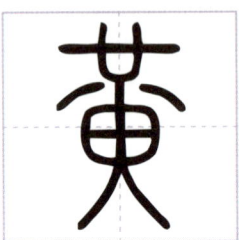

颛顼的后代被封在黄（今河南潢川一带）后，建立了黄国，族人便以黄为姓，流传至今。

"巧姑娘"黄道婆

元代杰出的纺织技术革新家黄道婆，十几岁的时候就成了童养媳，不仅要辛辛苦苦地干活，还要忍受公婆和丈夫的虐待。后来，她实在难以忍受，就偷偷跟着一条船去了崖州（今海南三亚）。

听说黄道婆的不幸遭遇后，当地的黎族百姓好心收留了她，还把纺织技术教给她。当时，黎族人民的纺织技术很高超，黄道婆虚心向他们学习，成了非常有名的纺织家。

后来，黄道婆将自己学到的纺织技术带回家乡——松江乌泥泾（今上海），在她的带动下，乌泥泾先进的棉纺织技术传遍江浙一带，松江因此成为全国棉纺织业的中心。

至今，乌泥泾仍然流传着这样一首民谣："黄婆婆，黄婆婆，教我纱，教我布，两只筒子两匹布。"

姓氏名人

东汉"二十四孝子"之一黄香；三国时期吴国大将黄盖；北宋文学家、书法家黄庭坚；明末清初思想家黄宗羲；清代诗人黄遵宪。

55. 萧：萧何月下追韩信

宋国开国君主微子启是商纣王的兄长，他的后代在平定叛乱的时候立了大功，被封在萧地（今安徽萧县），后来就称自己姓萧。

萧何月下追韩信

秦朝末年，韩信跟随刘邦打天下。一开始，刘邦瞧不上韩信，刘邦的谋士萧何却认为韩信是一个难得的人才。

韩信一直得不到重用，就决定和其他将领一起出走。萧何听说韩信走了，来不及告诉刘邦就赶紧骑着马去追。过了两天，刘邦看见萧何和韩信一起回来，对萧何说："我还以为你逃跑了呢！"萧何说："怎么会呢？我是帮您去追韩信了。"刘邦又问："他不过是一个小将，为什么非要追回来呢？"萧何严肃地说："小将当然不稀奇，像韩信那样的大将却是百年一遇。如果您想当天下的主人，能帮您的恐怕只有韩信。"

刘邦非常信任萧何，对萧何追回韩信的举动非常感激。后来，萧何又劝说刘邦，让韩信做了大将军，韩信最终成了汉朝的开国功臣。

南朝齐开国皇帝萧道成；南朝梁开国皇帝萧衍（yǎn）、文学家萧统（萧衍长子）。

56. 姚：姚崇刚正不阿

导读

相传，舜帝是在姚墟出生的，他的一部分后代就以这个地名为姓，称自己姓姚。

小故事

姚崇刚正不阿

姚崇是唐代著名的宰相。他性格耿直，刚正不阿。听说薛王李业的舅舅王仙童欺压百姓，姚崇决定对他公事公办，按律处罚。唐玄宗觉得王仙童是皇亲国戚，所以想放他一马，免去他的罪行。这个想法却遭到了姚崇的坚决反对，最后太宗不得不处罚了王仙童一伙人。从那以后，皇亲国戚再也不敢胡作非为了。

姓氏名人

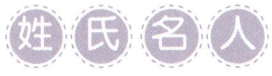

唐代史学家姚思廉；元代文学家姚燧（suì）；清代学者姚际恒、文学家姚鼐（nài）。

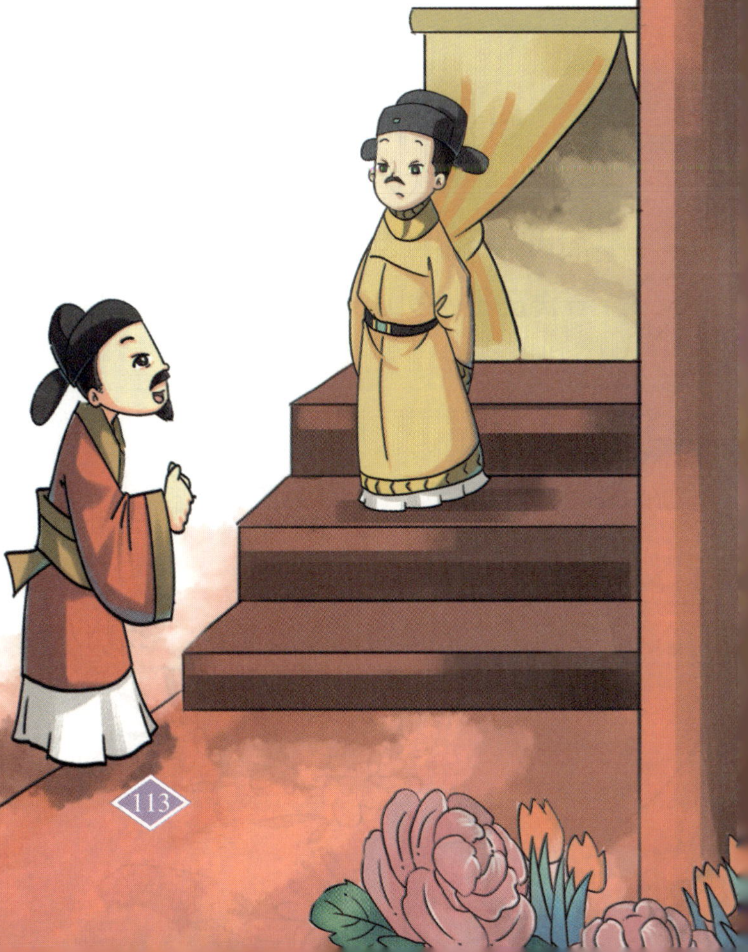

57. 汪：清代画家汪士慎

导读

相传，夏禹时一个叫防风氏的人因罪被大禹杀死，他的后代以此为耻，改防风为汪芒，在商代建立汪芒国（今浙江武康东），后代就开始世世代代姓汪。还有一种说法是，春秋时鲁桓公封公子满在汪（今山东境内），其后代就以汪为姓。

小故事

清代画家汪士慎

汪士慎是清代著名画家，"扬州八怪"之一。他在诗、书、画、篆刻等方面都取得了很大的成就。他不追求名和利，靠卖画的钱生活，平常最喜欢做的事就是喝茶和赏梅。他不仅喜欢赏梅花，也非常喜欢画梅花，关于梅花的创作非常多。

54岁那年，汪士慎的左眼失明了，但他对画梅的热情并没有受到任何影响。过了十几年，他的两只眼睛都看不见了，依然坚持挥笔作画。他用自己的一生，书写了对梅花的挚爱。

南宋文学家汪藻；明代文学家汪道昆；清代学者汪中。

58. 毛：毛遂自荐

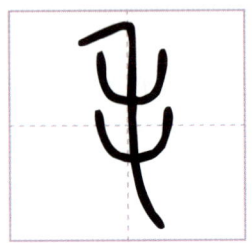

周文王的儿子伯聃（dān）被封在毛（今河南宜阳），他的子孙就以毛为姓。另一种说法是，周文王把儿子叔郑封在毛国（今陕西岐山一带），叔郑的后代就以毛为姓。

毛遂自荐

战国时，赵国被秦国包围，于是赵王命令平原君赵胜向楚国求救。平原君想挑选20个门客一起去，却只选出了19个。这时，毛遂主动提出要和平原君一起去，却被拒绝了。毛遂一再请求，平原君终于答应带毛遂一起去楚国。

到楚国后,楚王只接见平原君一个人,其他人只能远远地看着。他们俩交谈了很长时间也没有结果,毛遂急得要命,按着剑跨上台阶说:"这么简单的事情,为什么要谈这么久呢?"楚王对毛遂的无礼举动大发雷霆,让他赶紧离开。毛遂却一把拔出剑,威胁楚王说:"今十步之内,大王性命在我手中。"接着,毛遂向楚王分析了出兵救赵的好处,说得楚王连连点头称是,答应马上出兵。回到赵国后,毛遂成了平原君的贵宾。

姓氏名人

北宋词人毛滂(pāng);明代藏书家毛晋;清代经学家毛奇龄。

59. 狄(dí)：狄仁杰的仁义之举

导读

狄姓是在两周时期产生的。周成王封自己的弟弟孝伯到狄城。于是，他弟弟的后代便称自己姓狄。也有人说，孝伯是周成王的舅舅，被封在一个叫狄的地方。

小故事

狄仁杰的仁义之举

唐代武则天时期的宰相狄仁杰是一个大孝子，非常讲仁义。有一次，他在去上任的路上爬上太行山，远处正好有一片白云孤零零地飘在天上，于是他对身边的人说："那片白云下面就住着我的亲人。"说完，他看了那片白云很长时间，直到白云飘走才重新上路。

还有一次，他的朋友郑崇质被派到西北边境处理公务，狄仁杰得知朋友的母亲年纪大了，而且身体不太好，就劝他："你怎么能让老母亲为你担忧呢？"然后，他去拜见并州长史蔺仁基，请求代替郑崇质去西北。蔺仁基知道这件事后，非常感动。

西汉博士狄山；北宋将领狄青。

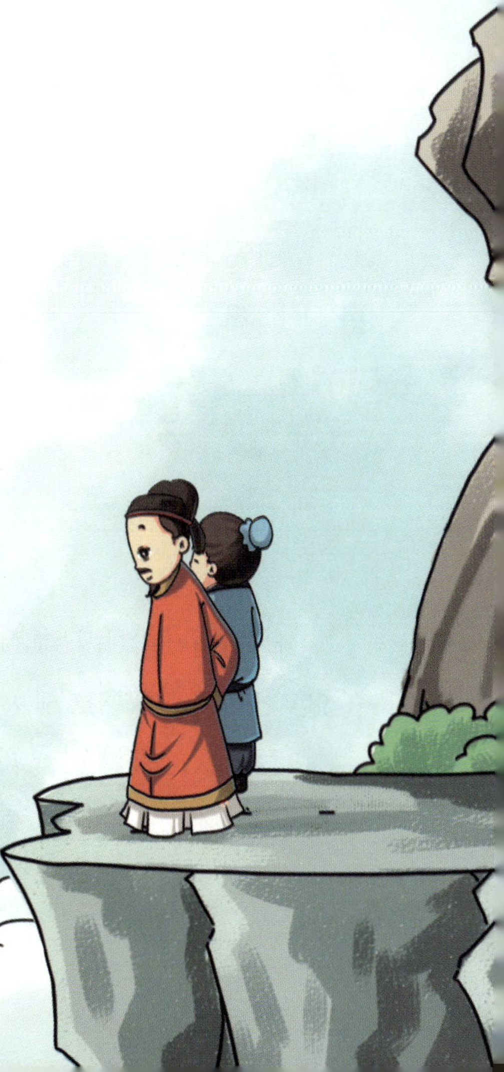

60. 宋：宋濂(lián)借书

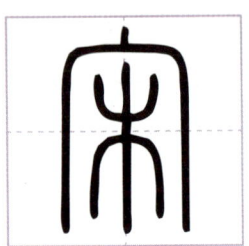

商朝灭亡后，周武王将商王后代封在一个叫宋（今河南境内）的地方。后来，宋国被灭，王公贵族就称自己姓宋。

宋濂借书

明朝有一个叫宋濂的人，家里很穷，根本买不起书。宋濂为了学习知识，常常找别人借书读。

有一次，宋濂到一家富户借书，这家人提出一个要求：十天之内必须还书。当时天气极其寒冷，宋濂坚持把书抄了一遍。砚台中的墨都结冰了，他的手指也冻得不能屈伸，但他还是按约定的时间抄完，把书送还，不敢超过约定期限。那家主人很感动，就对宋濂说，以后只要想看书，随时都可以来借，而且想看多久就看多久。

聪敏好学的宋濂后来成了著名的文学家和学者。

姓氏名人

战国时期楚国辞赋家宋玉；唐代诗人宋之问；北宋末年农民起义领袖宋江；明代科学家宋应星。

61. 纪(jǐ)：纪晓岚联对

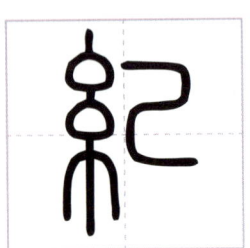

导读

相传，炎帝的后代在周初被封在一个叫纪（今山东寿光东南）的地方，并在这里建立了纪国。春秋时，纪国被齐国吞并，纪国的子孙就世世代代以纪为姓。

小故事

纪晓岚联对

清代有一位著名的学者叫纪晓岚。他从小就非常喜欢读书，最喜欢的是对对子。

据说有一天，纪晓岚不见哥哥回来，就去私塾找，发现哥哥因为对不上老师出的对子,被留下了。老师出了个上联:"苇子编席席盖苇。"纪晓岚一边思考,一边看见一个人举着鞭子赶着牛从门前走过,立即有了灵感。他对老师说:"如果我能对上,您可以让我哥哥回家吗?"老师答应了。于是,纪晓岚大声说:"牛皮拧鞭鞭打牛。"老师听后连连称赞。

西汉将军纪信;元代戏曲作家纪君祥;清代史学家、文学家纪大奎。

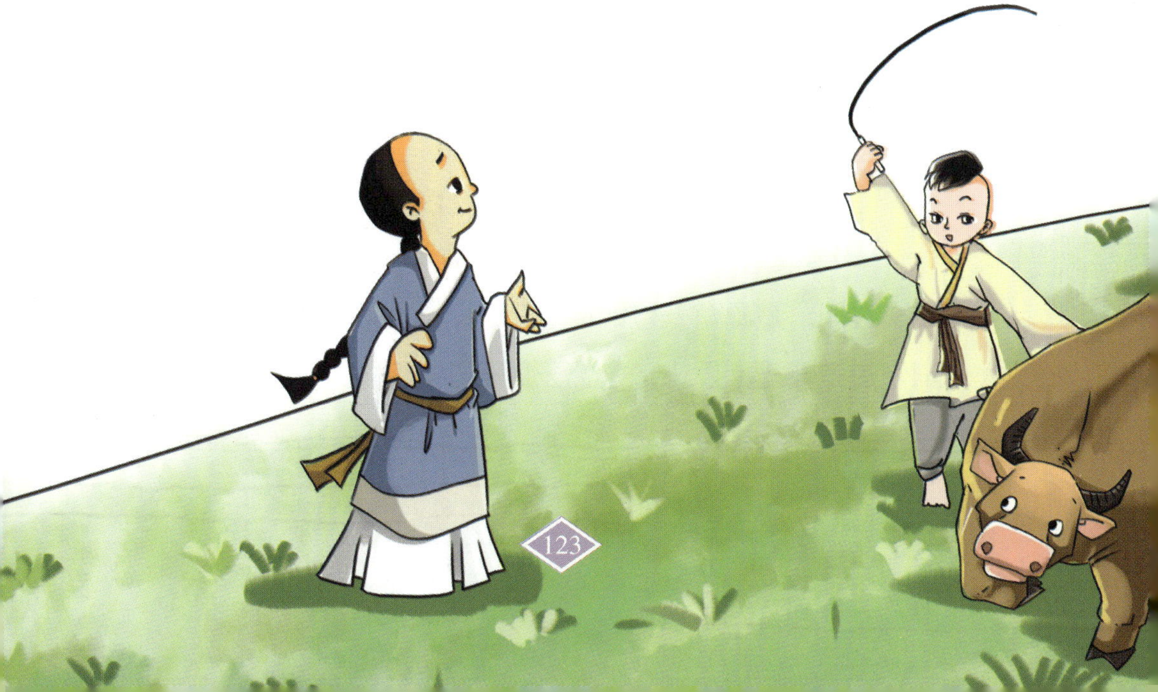

62. 屈：屈原与端午节的由来

春秋时期，楚武王在位时，把儿子瑕封为屈邑的首领，瑕的子孙就以地名屈为姓。此外，北魏有屈突氏，孝文帝把首都迁到洛阳后，鲜卑族和汉族通婚，原来的屈突氏就改姓为屈。

屈原与端午节的由来

战国时期，楚国有一位叫屈原的诗人。他出身贵族，学问很大，辅佐过楚怀王。后来，楚怀王听信小人的话，越来越看不惯

屈原，把他罢免了。顷襄王即位后把屈原流放到了沅江、湘江流域。

楚国政治越来越腐败，屈原无力挽救楚国的危亡，悲愤不已。他时常会在汨（mì）罗江畔一边走，一边唱着悲伤的歌。他用诗歌的形式，把自己对国家的热爱和对奸臣当道的愤恨写了下来。这就是《离骚》的由来。

后来，楚国首都被秦国攻破，屈原绝望至极，跳进汨罗江而死。这一天正好是农历五月初五，后人为纪念他，就把这一天定为端午节。

战国时期楚国将领屈匄（gài）；明末清初文学家屈大均。

63. 项：孔子拜师项橐(tuó)

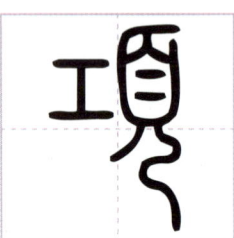

春秋时期，楚国公子燕被封在项城（今河南项城），在那里建立了项国。项国灭亡后，王族的子孙后代就称自己姓项。

孔子拜师项橐

项橐是春秋时期的一位神童，就连大思想家孔子也向他请教过问题。

传说有一天，孔子见到项橐时问："你知道什么山没有石头，什么水里没有鱼，什么车没有轮子，什么牛没有牛犊，什么马没有马驹，什么火没有烟吗？”

项橐说：“土山没有石头，井水里没有鱼，用人抬的轿子没有轮子，泥牛没有牛犊，木马没有马驹，萤火虫的火没有烟。”

听了项橐的回答，孔子佩服这个孩子知识丰富，连声说道“后生可畏，后生可畏啊！”

姓氏名人

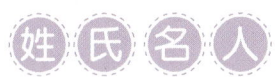

战国时期楚国大将项燕；秦末农民起义军领袖项羽。

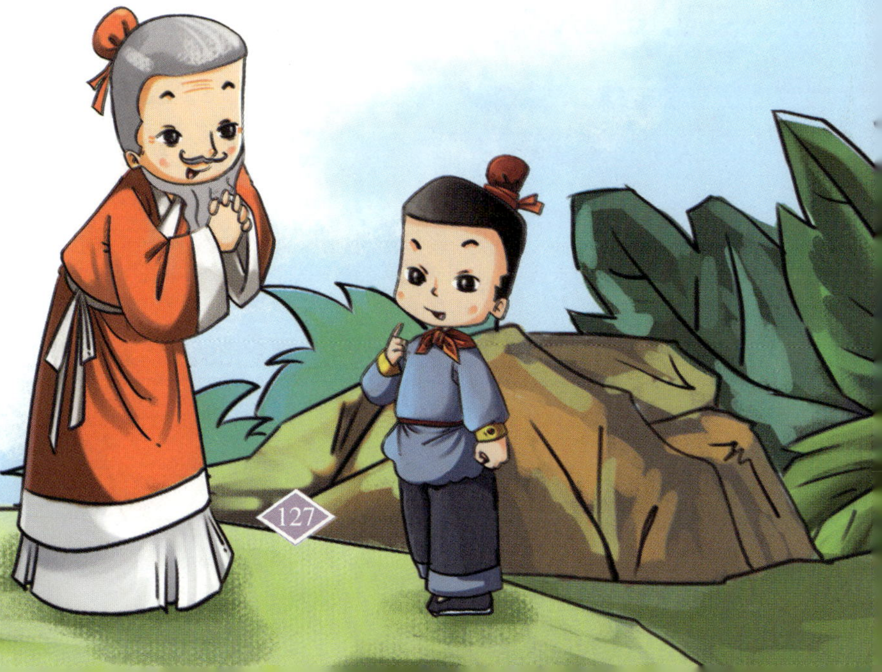

64. 董：董仲舒三年不窥园

导读

相传，舜帝时，一个名叫董父的人是驯养龙的专家，他的后代觉得非常自豪，就以董为姓。另一种说法是，周代大夫辛有的儿子被派到晋国做太史，掌管监督之责。"董"在古代是监督的意思，故后代以此为姓。

小故事

董仲舒三年不窥园

董仲舒是西汉著名的哲学家，他从小就聪明好学，一看起书来就废寝忘食。董仲舒将所有的心思都放在了读书学习上,其他事情一概不过问。他的家里新建了一个园子,但他好多年也没有抽出时间去园中参观游玩,而是专心致志地研究学问。很多年后,他终于成了一名伟大的学者。

这就是"三年不窥园"的由来,用来形容一个人读书或做事时非常专心。

姓氏名人

东汉末年割据豪强董卓;明代书画家董其昌。

65. 梁：女英雄梁红玉

导 读

伯益的后代康被封在夏阳梁山（今陕西韩城南），建立梁国，春秋时被秦所灭，其后代就称自己姓梁。

小 故 事

女英雄梁红玉

宋朝有一位著名的抗金女英雄，名叫梁红玉。她在战乱中与韩世忠将军相识，并结为夫妻。后来她多次随同丈夫出征，甚至

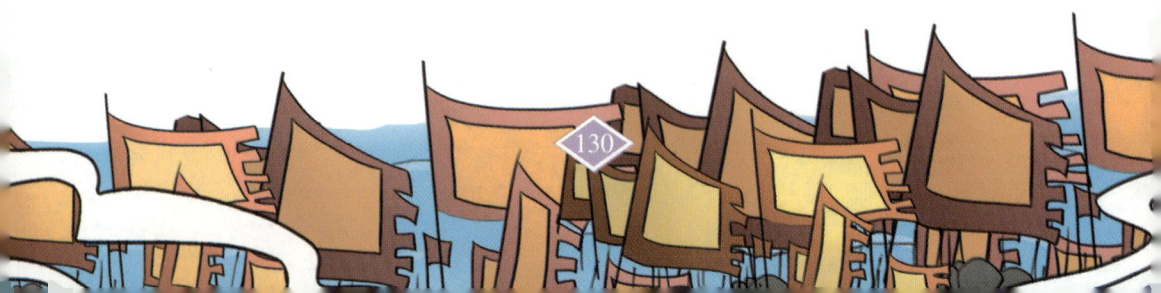

在战场上亲自击打战鼓,鼓舞士气,名震天下。

后来,她与丈夫转战各地,多次打击金军。相传有一次,金兵有十万大军南下,韩世忠只有八千宋兵,如何破敌让韩世忠十分头疼。一天,有人送点心到军帐,梁红玉接过一看,这种糕点两头大,中间细,便心生破敌之计,与丈夫商议从金兵中部的薄弱部分突袭,将敌军拦腰截断。韩世忠率军连夜出击,果然大获全胜。

东汉将军梁冀;明代戏曲家梁辰鱼;清末学者梁启超。

66. 杜：房谋杜断

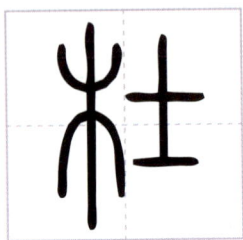

据说尧帝的后代被封在唐（今山西翼城西）。西周时，唐国成了周成王的弟弟叔虞的封地。原本居住在这里的尧帝的后代被迫搬到杜（今陕西西安东南），建立杜国。杜国灭亡后，其后代就以国名为姓。

房谋杜断

初唐名相杜如晦从小就很聪明，而且性格沉稳，不管遇到什么事情都不慌张。后来，他和李世民一起南征北战，成为他的重要参谋。李世民当上皇帝后，对他更加器重。

杜如晦晚年生了一场大病，唐太宗李世民经常派人去看望他。杜如晦去世后，唐太宗每每想起他，都不禁泪流满面。在杜如晦忌日的时候，唐太宗也总想着去祭奠他。

"房谋杜断"中的"房"指的是宰相房玄龄，"杜"指的就是杜如晦。房玄龄善于出计策，杜如晦善于做决断，二人各有所长，配合密切，是良相的典范。

西晋军事家、学者杜预；唐代诗人杜甫、史学家杜佑。

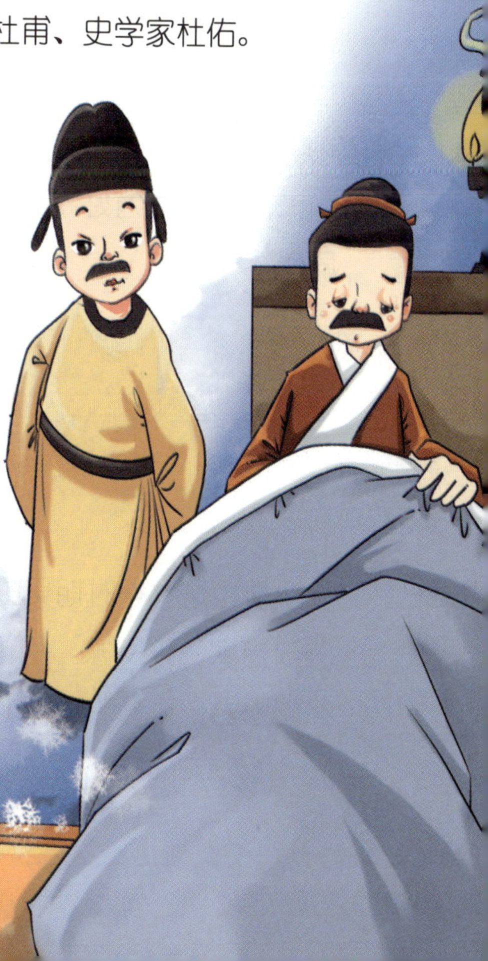

67. 季：季札信守承诺

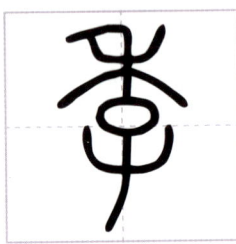

春秋时，鲁庄公的弟弟季友平定了庆父之乱，其子孙以此为荣，便以季为姓。另一种说法是，季姓是陆终的儿子季连的后代。

季札信守承诺

季札是春秋时期吴国人。他品德高尚，是一个具有远见卓识的政治家、外交家。相传季子访问晋国途中，顺道拜访了徐国。徐国国君一直看着季子随身佩带的宝剑，虽然什么都没说，但是季子知道他想要那把宝剑。当时,季子有重要的任务在身,就没有把宝剑献给徐国国君,但是心里已经决定送给他了。

季子在晋国的时候一直惦记着这件事,没想到徐国国君在这期间突然去世了。后来,季子想把宝剑献给继位的徐国国君,但被随从人员阻止了,季子说:"我早就决定把宝剑送给徐国国君,绝不会因为他死了就欺骗我自己的良心。"继位的徐国国君由于没有受到先君的托付,不敢接受。季子就把宝剑解下,挂在了老国君墓旁的树上。

秦末汉初游侠季布;明末清初藏书家季振宜。

68. 贾：贾岛推敲

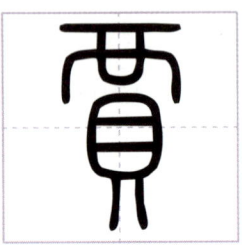

西周时，周康王封唐叔虞的小儿子公明在一个叫贾的地方，他就是贾伯。贾国被晋国灭亡后，公明的后代就以国为姓。

贾岛推敲

贾岛是唐代的诗人，作诗非常注重字句的推敲。一天，他诗兴大发，想出了两句诗："鸟宿池边树，僧敲月下门。"句中到底应该用"推"还是用"敲"，他反复琢磨，定不下来。贾岛只顾着沉思，不小心冲进了京兆尹韩愈出行的仪仗队中。随从人员把贾岛带到韩愈跟前,没想到,韩愈不仅没有责怪他,反而对他的钻研精神赞赏不已。韩愈让贾岛把诗念了一遍,想了一会儿就笑呵呵地说:"还是用'敲'字好!"

从此,二人成了好朋友。"推敲"一词也慢慢流传开来,比喻做文章或做事时反复斟酌。

西汉文学家贾谊;北魏农学家贾思勰(xié)。

69. 江：江革负母

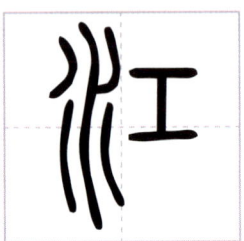

伯益是大禹治水时的功臣，他的一部分后代被封在江（今河南正阳西南）地，后来建立了江国。春秋时江国被楚国消灭后，江国的皇室后人就开始姓江。伯益的另一部分后人被封在江陵（今湖北境内），也称自己姓江。

江革负母

江革负母是"二十四孝"中的著名故事。江革是东汉初年人，他很小的时候父亲就去世了，与母亲相依为命。当时正好遇上战乱,他就背着老母亲逃难。一路上,江革遇到了很多盗贼,他们不仅想抢他的东西,还想逼他当盗贼。江革苦苦哀求,盗贼看他对母亲一片孝心,便放了他一马。

战乱平息后,江革和母亲在下邳(今江苏睢宁北)定居。为了养活母亲,他找了一份苦力活,虽然挣得不多,但他总是买最好的东西给母亲,自己却穿得破破烂烂。母亲去世后,他非常伤心,在坟旁守孝三年。

江革的孝行感天动地,因此得到了"江巨孝"的美名。

南朝梁文学家江淹;明代文学家江盈科;清末将领江忠源。

70. 郭：郭子仪智退敌兵

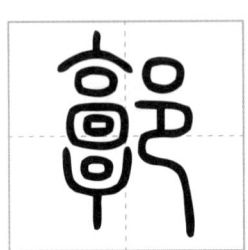

周灭商后，周文王把虢（guó）地分成了东、西两半，分别赏给了他的两个弟弟虢仲与虢叔，并给姬姓家族建了北虢。后来，东虢、西虢、北虢相继被灭，后代就以国名为姓，因"虢"与"郭"发音相似，就改姓为郭。

郭子仪智退敌兵

唐代中后期，"安史之乱"爆发，大部分唐军都被调去平定战乱。看见大唐的西北边境兵力空虚，吐蕃（bō）趁机与回纥

(hé)联手,派出二十万大军,企图入侵唐朝。

当时,北方边关的守将是郭子仪,他手下只有一万多将士,单从人数上看,远远不是敌军的对手,情况十分危急。郭子仪领兵打仗的经验非常丰富,他很清楚,只有用分化瓦解的办法,才能打败敌军。他独自一人来到回纥的军营劝降。吐蕃军见郭子仪与回纥军来往,心生猜疑,连夜退走。后来唐军和回纥军联合,把吐蕃军打得落花流水。

姓氏名人

三国时期曹操谋士郭嘉;东晋文学家郭璞(pú);元代科学家郭守敬;清末将领郭松林。

71. 林：林则徐改掉急脾气

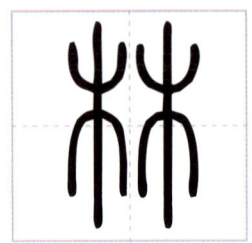

据说，林姓来源于商朝末年的名臣比干。比干死后，他的夫人逃到长林，生下了儿子坚。商朝灭亡后，周武王拜坚为大夫，因其生长于长林，赐其姓林。他就是林姓人的始祖。

林则徐改掉急脾气

林则徐是清代政治家。他年少时勤奋好学，聪明过人，但是脾气非常急躁，父亲想帮他改掉这个毛病。

传说有一天，父亲把子女们叫到一起，给他们讲了一个"急性判官"的故事：从前，有个判官非常孝顺，如果犯人不孝，他就会判得特别重。一天，两个大汉把一个年轻人拉到大堂上，说他总是打骂母亲。判官听后火冒三丈，命人狠狠地打了那个人一顿。过了一会儿，一个老太婆拄着拐杖闯了进来，哭着说："请大人饶了我的儿子。刚才那两个人是偷牛贼，我儿子是无辜的。"判官立刻叫人去把那两个小偷抓回来，却没找到他们。

听了这个故事，林则徐下决心要改掉急躁、容易发脾气的毛病。后来，他在书房挂了一块"制怒"的牌匾，时刻提醒自己要保持平和的心态。

隋末农民起义军领袖林士弘；北宋诗人林逋；清末海军将领林永升。

72. 徐：徐霞客遍访名山大川

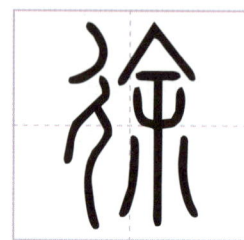

导读

夏朝时，伯益的儿子若木被封在徐（今安徽泗水北）地，他后来在这里建立了徐国。春秋时徐国被吴灭，子孙便以徐为姓。

小故事

徐霞客遍访名山大川

徐霞客是明代杰出的旅行家和地理学家。他从小就博览群书，尤其喜欢看地图。

徐霞客很早就立下了探寻山川奥秘的志向，22岁的时候，正式出游。他在游历考察的三十多年间，跑遍了大半个中国。可贵的是，他并非游山玩水，而是为了考察中国的地理风貌。他尝遍旅途的艰辛，为后人留下了一部非常重要的巨著——《徐霞客游记》。这本书以游记的方式，记录了珍贵的地貌、水文、地质、动植物等资料，描绘了中华大地秀美的自然风光，还反映了当时各地的风俗民情，被后人誉为"世间真文字、大文字、奇文字"。

明代科学家徐光启、文学家徐渭、将领徐达。

73. 蔡：蔡文姬辨音

周文王的第六个儿子叫度，他被封在一个叫蔡（今河南上蔡西南）的地方，所以人们叫他蔡叔度。后来，他叛乱失败后被流放，但他的儿子胡是个好人，因此又被封在蔡，他的后人便称自己姓蔡。

蔡文姬辨音

东汉末年的才女蔡文姬博学多才，音乐天赋过人。她小的时候，有一次听见父亲在大厅里弹琴，隔着墙壁就听出第二根琴弦断了。父亲非常惊讶，又故意弄断了第四根琴弦，也被她听出来了。长大后，她的琴艺更加高超，创作了名曲《胡笳十八拍》。

传说有一次，蔡文姬和曹操闲聊，曹操说想看看蔡文姬家里的藏书。蔡文姬说，家里的几千卷书全都在战乱中丢失了，但是她能凭记忆默写出其中的四百篇文章。曹操高兴极了，非常佩服蔡文姬的才情。

东汉造纸术发明家蔡伦、书法家蔡邕（yōng）；北宋书法家蔡襄（xiāng）；南宋理学家蔡元定。

74. 田：田忌赛马

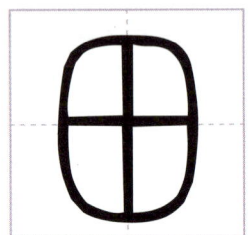

商朝灭亡后，舜的后代胡公建立陈国。胡公的后代陈厉公生了一个儿子，叫完，字敬仲。陈宣公即位后，想废除太子，敬仲与太子是好朋友，生怕受到牵连，所以逃到齐国，被齐桓公封在田，于是开始姓田。

田忌赛马

田忌是战国时期齐国大将。有一次，他和齐国公子决定比试一下赛马。按照约定，他们把自己的马分成上、中、下三等，比赛的时候要上马对上马、中马对中马、下马对下马。齐国公子每个等级的马都比田忌的马强得多,所以几次比赛田忌都输了。

孙膑知道这件事后,对田忌说:"只要你按我说的做,保证你能赢。"于是,田忌和孙膑一起回到马场,要求重新比赛。

第一局,孙膑用下等马对战他们的上等马,结果输了。第二局,孙膑用上等马对战他们的中等马,扳回一局。第三局,孙膑用中等马对战他们的下等马,又胜了一局。

同样的马,只是变换了一下出场的顺序,就转败为胜了。

"战国四公子"之一田文(孟尝君);西汉大臣田蚡(fén);明代文学家田汝成。

75. 胡：史学大家胡三省

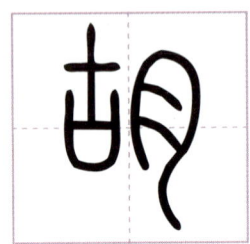

舜的后人胡公满建立陈国。春秋末年，陈国灭亡后，其后代四散，一部分人以先祖的名字为姓。

史学大家胡三省

南宋时，有一个叫胡三省的人，他勤奋好学，非常喜欢读书，早年曾为《资治通鉴》做过注解，可惜的是，书稿在他躲避战乱的途中丢失了。

宋朝灭亡后，胡三省虽然生活艰难，但是仍然决定重新为

《资治通鉴》做注。他从此闭门谢客，日夜奋笔，克服各种各样的困难，先后修改多次，终于完成了《资治通鉴音注》。这本书对《资治通鉴》做了详细考证和勘误，具有很高的历史价值。

姓氏名人

唐代诗人胡令能；明代文学家胡应麟（lín）；清末商人胡光墉（字雪岩）。

76. 管：管鲍分金

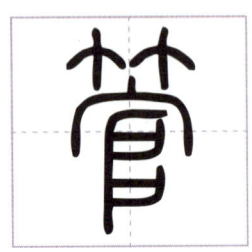

导 读

周武王封他的第三个弟弟叔鲜（也就是管叔）于管（今河南郑州）。周武王去世后，管叔和蔡叔联合商纣王的儿子起兵叛乱，兵败后管叔被处死，他的后人就世世代代姓管。

小 故 事

管仲20多岁时认识了鲍叔牙，两人合伙做生意。管仲家里很穷，所以出的钱比较少。他们的生意还不错，但是有人注意到，一挣到钱，管仲就用这些钱还私债。到年底分红时，鲍叔牙还很大方地和管仲平分。

鲍叔牙的手下很生气，抱怨道："管仲出的钱少，平时花的又多，年底还和您拿的钱一样多，说明他很贪财。"鲍叔牙批评了手下，生气地说："你们知道什么！管仲家里困难，他比我更需要钱。我和他一起做生意，就是想帮帮他，这是我自愿的，你们以后别再说这样的话了。"

姓氏名人

东汉末年学者管宁；三国时期魏国术士管辂（lù）；元代女画家管道升。

77. 宗：宗泽抗敌

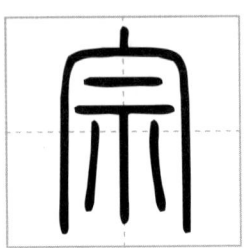

古代有一种非常重要的官职叫宗人，专门管理宗庙祭祀礼仪。举行典礼时，就连帝王也要听宗人的安排，宗人让他做什么，他就要做什么。宗人的后人觉得非常自豪，就世世代代以宗为姓。

宗泽抗敌

宗泽是北宋末年的著名将领。他在东京开封府任职期间，顽强抵抗金兵的进攻，曾率领士兵多次击退金兵。他希望可以找机会进行反攻，抢渡黄河，收复中原。但是没想到，皇帝赵构害怕宗泽的军队威胁自己的统治，坚决反对北伐，宗泽因此忧愤成疾。去世前，他还念念不忘北伐，连着大喊三声："渡河！渡河！渡河！"然后才咽下最后一口气。

姓氏名人

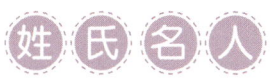

三国时期蜀国将军宗预；南朝宋画家宗炳。

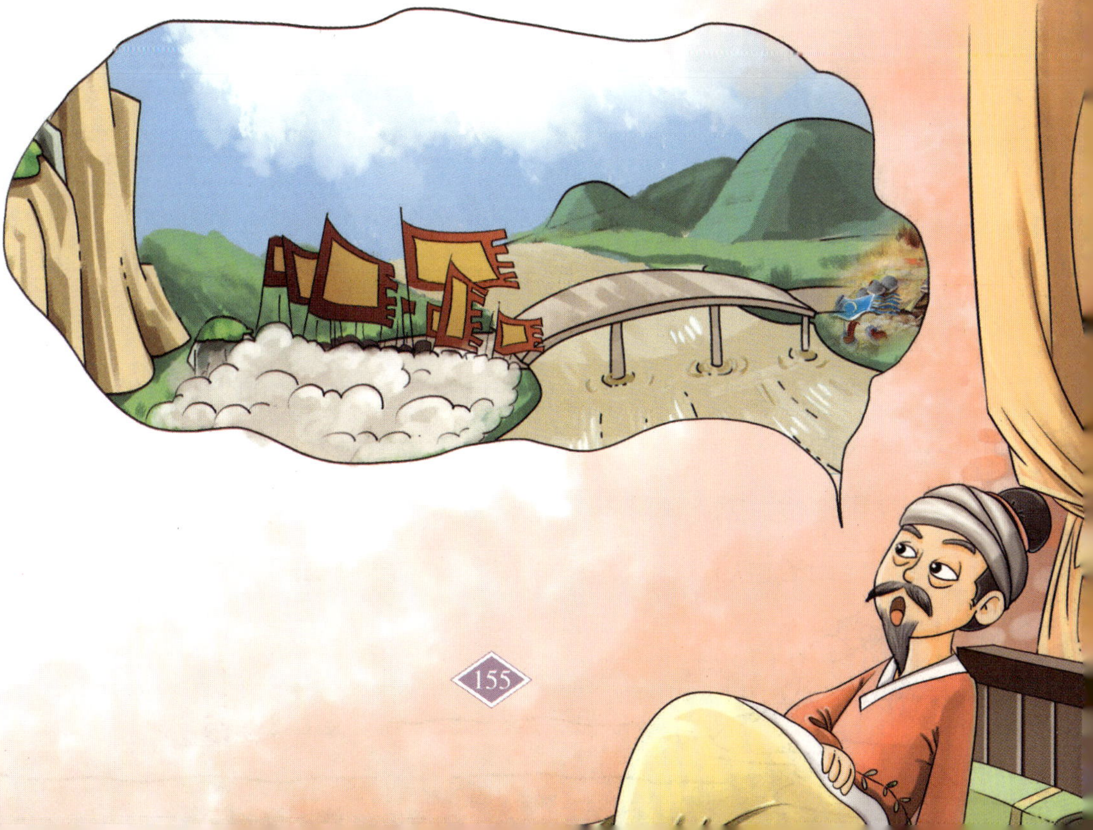

78. 丁：丁汝昌以死谢国人

西周时，姜太公的儿子叫伋（jí），死后谥号丁公，他的后代就称自己姓丁。

丁汝昌以死谢国人

清末北洋水师将领丁汝昌出身贫苦人家，他的父亲是地地道道的农民，以种地为生。幼年时，丁汝昌曾在私塾读书，后来因为家里没钱，就不再读书，靠帮人做工补贴家用。

父母去世后，丁汝昌参了军，成为李鸿章的手下，官至北洋

海军提督。在职期间,为壮大北洋海军的实力,他付出了全部的心血。在甲午战争威海卫战役中,他指挥北洋舰队与日军展开激战,但因为实力相差太大,最终陷入日军的包围圈。走投无路的他拒绝向日军投降,自尽身亡。

姓氏名人

东汉经学家丁恭;明代画家丁云鹏;清代篆刻家丁敬;清末大臣丁日昌。

79. 洪：洪秀全起义

相传，共工是尧帝时期的大臣，负责治理天下水利，后来因罪被赶出中原。为躲避仇杀，他的后人在"共"的前面加了水旁，变成"洪"。还有一种说法，西周时有一个叫共的诸侯国，灭亡后，其后代为避难就改称自己姓洪。

洪秀全起义

清代晚期，洪秀全领导的太平天国运动是中国近代全国规模的一次农民起义。洪秀全虽然只是一个普通的读书人，但是他在暗地里已经组织"拜上帝会"很多年，在百姓中有着广泛的知名度。后来他发动金田起义，举起了推翻清政府的大旗。

起义军发展得非常迅速，一路从广西杀到南京，在那里建立了太平天国。清朝军队被打得节节败退。最终，清政府平息了这场战乱，但是清朝统治的根基也已经被大大动摇。

南宋文学家洪迈；清代重臣洪承畴、经学家洪亮吉、戏曲作家洪升。

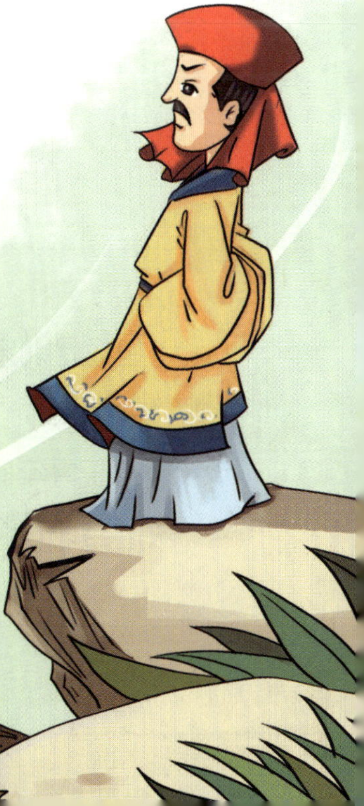

80. 包：包拯辞宴

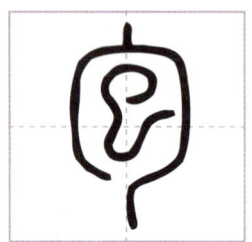

导读

据说，包氏是春秋时期楚国大夫申包胥的后代。另外，一部分鲍姓后人也改姓为包。

小故事

包拯辞宴

包拯是北宋时期著名的清官，他廉洁公正，铁面无私，被誉为"包青天"。

他在青年时因品学兼优、严于律己，受到庐州知州的称赞。一次，当地有个富豪想约包拯到家中赴宴，被他婉言谢绝。过了一些日子，富豪又准备酒宴，想邀请包拯做客。他的同学有点儿动心，包拯警告他的同学说："我们现在接受邀请，吃吃喝喝，好像很舒服，可如果有一天我们在这里当官，定会为这种交情所累，要是他们犯了事，我们怎么能秉公执法呢？"

姓氏名人

东汉经学家包咸；唐代诗人包融；清代书法家包世臣。

81. 石：石碏(què)大义灭亲

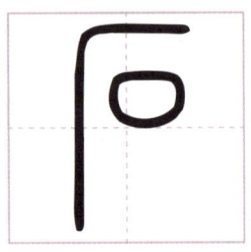

导读

春秋时，卫国有一个叫公孙碏的贤臣，字石，史称石碏。因立有大功，被封为大夫。他的后代就以其字为姓。

石碏大义灭亲

公子州吁（xū）是卫庄公最喜欢的儿子，他从小就喜欢习武。大夫石碏劝庄公说："州吁喜欢打仗，又拥有兵权，将来会出乱子的。"庄公不听劝告。

石碏的儿子石厚和州吁来往密切，石碏三番五次制止，但都没有用。庄公死后，太子即位，称卫桓公。

后来，州吁杀了卫桓公，自己当上了国君，因为无法安抚民心，便让石厚向他父亲请教。石碏告诉石厚，只要他和州吁一起去觐见陈国君主，就能稳固君位。其实，石碏已在暗中向陈国君主说明实情，告知石厚和州吁是杀害卫桓公的凶手，请求杀死他们。州吁和石厚一到陈国就被抓了起来，石碏派家臣去陈国杀了自己的儿子石厚。

这就是"大义灭亲"的由来。

西晋富豪石崇；北宋将领石守信；清代太平天国领导人之一石达开。

82. 崔(cuī)：崔护叹人面桃花

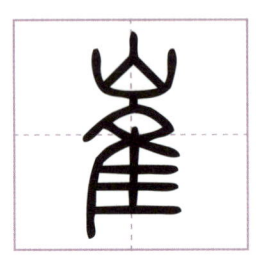

崔姓主要来源于姜姓。春秋时，齐国的开国君主姜子牙有个孙子叫季子。季子把君位让给弟弟叔乙后，自己去了崔（今山东章丘西北）地生活，他的后人便称自己姓崔。

崔护叹人面桃花

唐代有一位叫崔护的诗人，相传有一年春天，他去城外游玩，看见一座别致的农舍，院子里到处都开着鲜艳的桃花。他因口渴便敲门讨水，只见一个像仙女一样的姑娘打开门为他送水。

在桃花的映衬下,姑娘显得分外美丽。

第二年春天,崔护故地重游,又来到那个农舍前,却发现房门锁得紧紧的,那个姑娘也不知道到哪里去了,只有桃花依旧盛开。崔护很失望,写了一首诗:"去年今日此门中,人面桃花相映红。人面不知何处去,桃花依旧笑春风。"通过这首诗,他表达了自己与那个姑娘无缘再见的遗憾之情。

姓氏名人

唐代诗人崔颢(hào);北宋画家崔白;明代画家崔子忠;清代学者崔述。

83. 程：程门立雪

上古时期，管理天下有关火的事情的人叫重黎，是颛顼的孙子。他的后裔被封在一个叫程的地方，就称自己姓程。另外一种说法是，伏羲的后代在夏朝时建立了程国（今河南洛阳东），商朝灭亡后，程国被周武王迁走，后又被周宣王迁回故地，后代就以程为姓。

程门立雪

北宋时，有一个学者叫杨时，他特别喜欢钻研学问，拜了很多老师，洛阳的大学问家程颢就是他的老师。程颢死后，杨时就去拜他的弟弟程颐为老师。那时，杨时已经四十多岁了，学问也相当高，但他还是和以前一样谦虚，程颐非常喜欢他。

一天，杨时和同学游酢（zuò）一起去向程颐请教问题，不巧老师正在屋里打瞌睡。杨时就告诉游酢，千万不要把老师吵醒，于是他们俩静静地站在门口，等老师醒来。不一会儿，下起了大雪，杨时和游酢还是一动不动地站在门口。程颐醒来后朝窗外一看，发现门口居然立着两个"雪人"，感动不已。

后来，人们用"程门立雪"这个成语来赞扬那些专心求学、尊师重道的学子。

姓氏名人

春秋时期晋国义士程婴；西汉将领程不识；清代学者程伟元。

84. 陆：陆贾说新语

战国时期，齐宣王的小儿子田通被封在陆乡（今山东境内），他的后代就以陆为姓。

陆贾说新语

汉高祖刘邦有点儿瞧不起读书人。有一次，他和谋臣陆贾聊起儒家经典，他认为那些经书一点儿用都没有。

陆贾一本正经地说："商汤和周武王文武并用，才能保住自己的国家。如果当初秦始皇没有焚书坑儒，而是按照圣贤的方式治理国家，您能得到天下吗？”刘邦听了很吃惊，说不出话来，对陆贾的态度马上就变了。他主动提出让陆贾给他讲授经典，陆贾为刘邦写了一部《新语》，讲解治国之道，刘邦每读一篇，都啧啧称赞。

姓氏名人

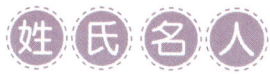

三国时期吴国将领陆逊；西晋文学家陆机；隋代音韵学家陆法言；南宋哲学家陆九渊、陆九龄。

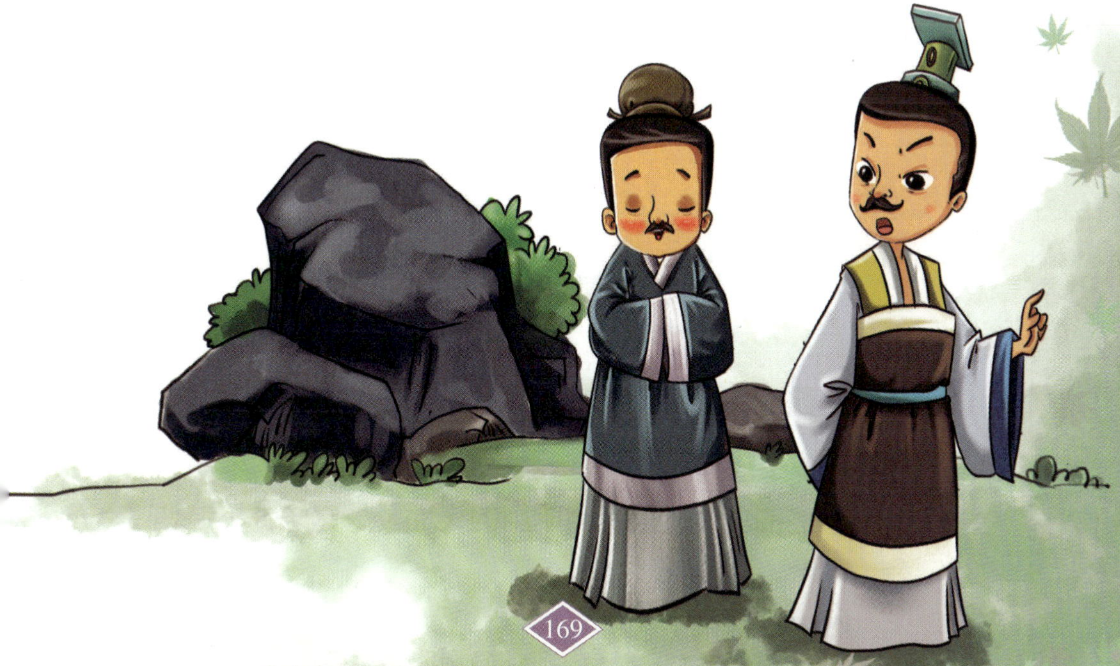

85. 祖：祖莹好学

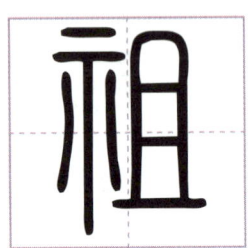

导读

祖姓是在商代产生的。商汤的子孙有祖甲、祖乙、祖丁等。此外，商朝还有两位宰相，叫祖己和祖伊，他们的后代都称自己姓祖。

小故事

祖莹好学

祖莹是北魏著名文学家，八岁时就能咏诗，还能背诵很多经典。他勤奋好学，日夜不停地读书，有时连吃饭和睡觉都顾不上。父母担心他的身体，就把照明用的火种藏了起来，不准他晚上看书。但他偷偷地把火种藏在灰里，等父母都睡着后把窗户遮得严严实实的，再点灯看书。

　　有一次，中书博士张天龙安排祖莹第二天在课堂上讲《尚书》。祖莹因为前一晚看书太晚，睡过了头，早上在匆忙之中，把室友李孝怡的《曲礼》当成《尚书》带到课堂。由于怕老师责怪，祖莹便索性捧着《曲礼》，大声诵读《尚书》三篇，一字不差。李孝怡发现这件事后告诉了老师，全班的人都大吃一惊。

姓氏名人

　　东晋将领祖逖（tì）；南朝科学家祖冲之；唐代诗人祖咏。

86. 武：一代女皇武则天

据说，夏朝时有一个部族首领叫武罗，他的后代就称自己姓武。还有一种说法是，周平王的小儿子出生后，人们看见他的掌纹很独特，形状和"武"差不多。平王就给这个小婴儿起名叫武，他的后代就都改姓武了。

一代女皇武则天

在中国几千年的历史中，最出名的武姓人当属唐朝皇帝武则天，她是我国历史上唯一一位女皇帝。唐太宗李世民在位时，她被选入皇宫，后来成为唐高宗李治的皇后。李治死后，她的儿子做了皇帝，但大权仍掌握在她手中。后来，武则天自己当了皇帝，改国号为"周"。

武则天在位期间做了很多好事，比如，重视农业生产、兴修水利，极大地推动了社会经济的发展。此外，她非常重视人才，善用人才。但是，为了保住自己的皇位，她鼓励大臣们互相告密，因此被杀的大臣数都数不清。她死后，在墓前立了一块无字碑，功过是非，任由世人去评说。

北宋画家武宗元；元代戏曲作家武汉臣；清代学者武亿。

87. 刘：刘禹锡与《陋室铭》

尧的儿子丹朱的后裔中，有个人叫累，因为为夏王养龙（鳄鱼）有功，被封在一个叫刘的地方，被称作刘累。后代人便以刘为姓。另外一种说法是，东周匡王姬班的儿子季被封在刘邑，称为刘康公，他的后代就开始姓刘。

刘禹锡与《陋室铭》

刘禹锡是唐代著名诗人，也是一名政府官员，因为得罪了当权的大臣，被降职到和州（今安徽和县）做刺史。本来做刺史可以分三间房子住，可是当地的知县见他被降职，就刁难他，只给了他一间又小又旧的房子。

刘禹锡很生气，就写下了一篇《陋室铭》：

山不在高，有仙则名；水不在深，有龙则灵。斯是陋室，惟吾德馨。苔痕上阶绿，草色入帘青。谈笑有鸿儒，往来无白丁。可以调素琴，阅金经。无丝竹之乱耳，无案牍之劳形。南阳诸葛庐，西蜀子云亭。孔子云："何陋之有？"

这篇文章大意是，虽然屋子很简陋，但是我道德高尚、品位优雅，房子因我而不平凡。知县听说后，气得说不出话。就这样，《陋室铭》成了千古绝唱。

姓氏名人

西汉王朝建立者汉高祖刘邦；三国时期蜀国建立者刘备；清代书法家刘墉（yōng）。

88. 叶：清白做人的叶燮(xiè)

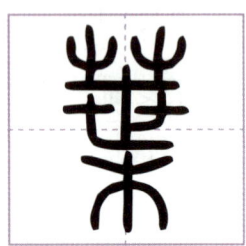

春秋后期，楚庄王的后代沈诸梁被封在叶（今河南南阳），他就是叶公。他在平定楚国王族白公胜之乱中立了大功，后来子孙继承了他的爵位，改姓为叶。

清白做人的叶燮

清代诗论家叶燮出生在一个非常幸福的大家庭，有五个哥哥和四个姐姐。他从小聪明过人，四岁的时候，父亲就教他读《楚辞》，他过目不忘的记忆力，一时被传为美谈。五岁时，他和哥哥们一起读书，由父亲亲自教导，父亲经常指着家里"清白堂"的匾额对年幼的孩子们说："我们家虽然不富裕，但是世代清白，我没有别的心愿，只希望你们能做清清白白的人。"叶燮牢牢地记住了父亲的教诲，终生不忘。

南宋哲学家叶适（shì）、文学家叶梦得；清代医学家叶桂。

89. 白：白居易改诗

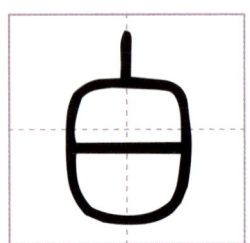

相传，白阜是远古时期农田灌溉、水利管理方面的专家，其后代就以白为姓。另一种说法是，春秋时期，秦国有一个叫白乙丙的大将，是有名的大功臣，他的后代就称自己姓白。

白居易改诗

白居易是唐代著名的诗人。读过白居易诗的人都知道，他的诗语言通俗易懂，不管是老人还是小孩都能明白。据说，他每写一首诗，都会念给家里的仆人听，仆人能听懂的就写下来，不明白的就再改。

有一次,他写好一首诗后念给老仆人听,其中有一句"安得大裘长万丈,与君都盖洛阳城"。老仆人听后说:"你写的我都能懂,但是'安得大裘长万丈'中的'安'最好还是改改。"

白居易问道:"您觉得应该怎样改呢?"老人说:"你以前不是写过夸奖道州刺史元结的诗吗?他是个好官,为道州百姓做了很多好事,道州的'万丈长裘'不就是这个吗?"

白居易觉得老人说得对,就把"安"改成了"争",意思是说,做官的要以为百姓谋福利的思想去"争得大裘长万丈"。

战国时期秦国将领白起、魏国水利家白圭(guī);唐代文学家白行简(白居易之弟);元代戏曲作家白朴。

90. 蔺(lìn)：蔺相如完璧归赵

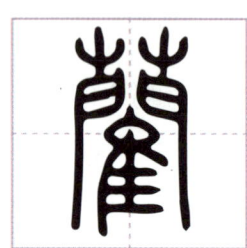

导读

春秋时期，晋大夫韩武子的后代韩景侯建立韩国，他的后代便以韩为姓。后来，他的子孙中有一个叫韩康的人在赵国做官，被封在蔺（今山西离石西），他的后代就称自己姓蔺。

小故事

蔺相如完璧归赵

战国时期，赵惠文王得到了一块宝玉和氏璧，秦昭襄王听说后非常喜欢，就派人去对赵王说，秦国愿意用十五座城与赵国交换这块玉。赵王就派使臣蔺相如带着玉璧去了秦国。

秦国表面上说愿意用十五座城来交换，但是蔺相如知道，秦国只是说说而已。到了秦国后，蔺相如献上宝玉，秦王爱不释手，但是没有要交换城池的意思。蔺相如假意要指出玉中的瑕疵，夺过秦王手中的玉，大声地说："看大王没有要给赵国城池的意思，所以我把玉夺了回来。如果您逼我，我就一头撞死在柱子上，宝玉肯定会碎。"

秦王生怕他真的把宝玉撞碎，不敢轻举妄动。后来，蔺相如趁秦王不注意，偷偷派人把和氏璧送回了赵国。秦王虽然很生气，却不得不把蔺相如放了。蔺相如就这样将赵国的宝物完好地从秦国送回了自己的国家。

隋代将领蔺亮；明代学士蔺从善。

91. 庄：庄周鼓盆

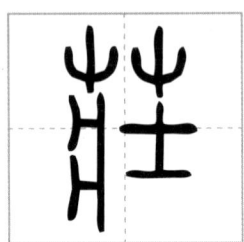

庄姓的两个来源几乎是同时产生的，都发生在春秋战国时期：一是楚庄王的一部分子孙以他的谥号中的"庄"为姓；二是宋国国君宋戴公名叫武庄，他的后人就世代姓庄。

庄周鼓盆

战国时期的思想家庄子是个心胸开阔的人，什么事情都想得开。有一天，他的妻子生病去世了，朋友惠子怕他伤心，便去安慰他。但是他一进门，就看见庄子正在敲打着盆唱歌，好像一点儿也不伤心。惠子很吃惊，问道：“你的妻子死了，你不仅不伤心，还在这里唱歌，太过分了吧！”庄子回答道：“她从大自然来，现在不过是重新回到大自然的怀抱，这是自然规律，我为什么要伤心呢？”

姓氏名人

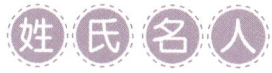

西汉文学家庄忌；清代经学家庄存与。

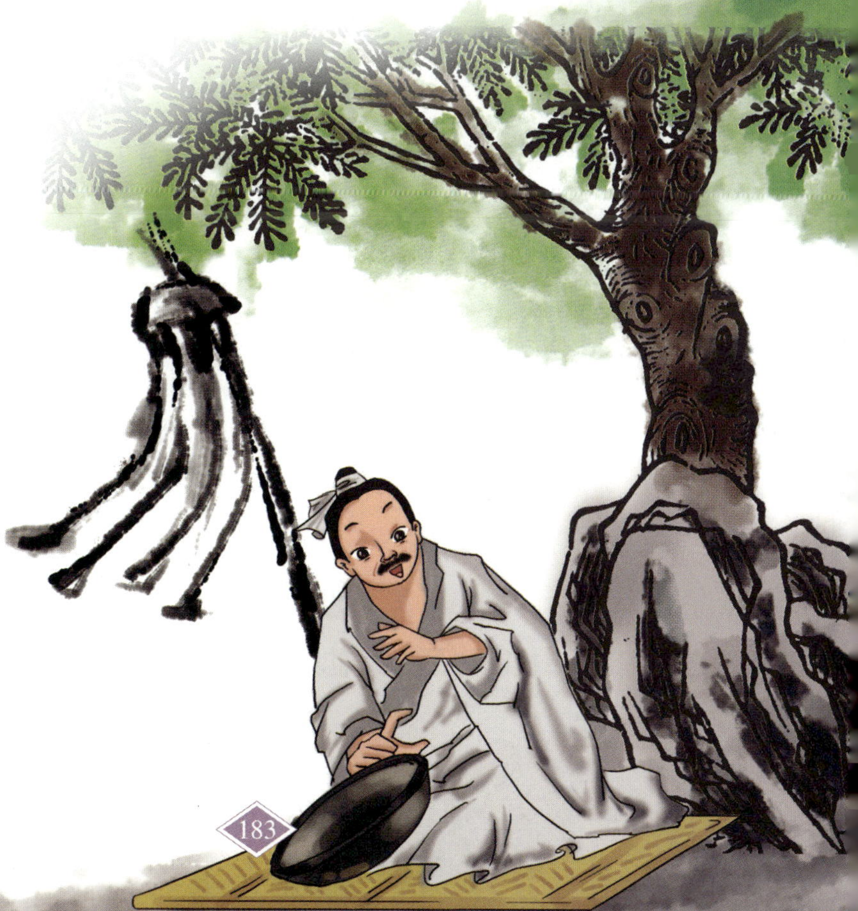

92. 文：民族英雄文天祥

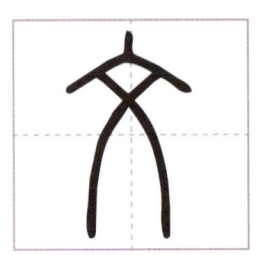

导读

周武王灭掉商朝后，追封自己的父亲为周文王。文王的一部分后代为表示对他的尊重，就改姓文。

小故事

民族英雄文天祥

文天祥是南宋末年人，才学过人，21岁时就中了状元。他在国家危难之际，毫不犹豫地挺身而出，作为南宋使臣去和元军谈判，不幸被扣留。后来，他好不容易才逃走，率领宋军与元军展

开激战，却又一次被抓住。元军认为文天祥是个难得的人才，想让他投降，但是他想都没想，就一口拒绝了。他被关在元大都的监狱里，最终惨遭杀害，为后人留下“人生自古谁无死，留取丹心照汗青”的千古名句。

姓氏名人

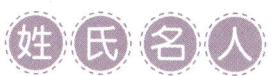

春秋末期越国大夫文种；北宋画家文同；明代书画家文徵明。

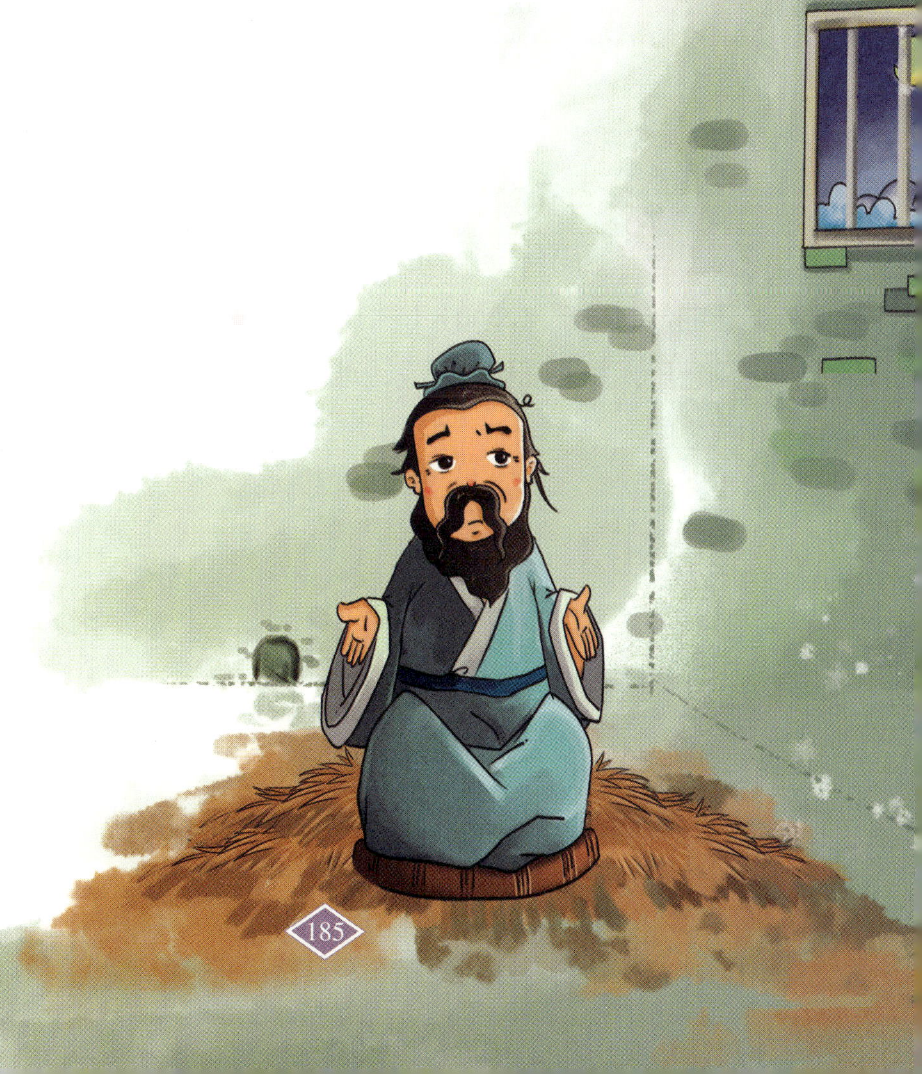

93. 曾：曾子思母吐鱼

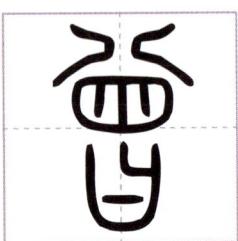

相传，夏禹有一个叫少康的后人，他当上君主后把自己的小儿子曲烈封在鄫（zēng）（今山东苍山西北）。鄫国灭亡后，太子逃到鲁国，并在那里做了官，他的后代就以原国名为姓，后来简化成了曾。

曾子思母吐鱼

曾子名参，春秋末年鲁国人，是历史上有名的孝子。传说有一天，曾子的妻子买了两条鲜鱼，洗干净后就装进盘里，摆在桌子上。曾子的两个儿子围在桌子旁，馋得口水都流出来了。妻子高兴地问："今天吃鱼，你们觉得行吗？"曾子回答道："太好了。"

曾子夹了一块鱼，在热汤里涮了一下，又沾了点佐料放进嘴里，吃着吃着却突然吐了出来。他的妻子大吃一惊，问道："是鱼不好吃吗？"只见曾子泪流满面，悲伤地说："母亲在世时从来没有吃过这么好吃的鱼，今天我却独自享受这美味，真是太不孝了。"

姓氏名人

北宋文学家曾巩；清末洋务派和湘军首领曾国藩（fān）、外交官曾纪泽。

94. 关：关公夜读《左传》

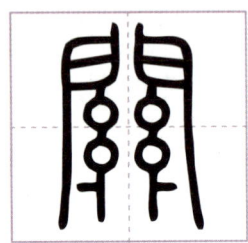

导读

夏帝桀在位时，只顾饮酒作乐，一个名叫龙逢的大臣去劝说，被杀死了。龙逢因封在关地，世称关龙逢。后来，关龙逢的后代以先人名中的"关"为姓。

小故事

关公夜读《左传》

古人认为，要想做大将军，必须读《左传》，不然就只有匹夫之勇。三国时的蜀国名将关羽就非常喜欢读《左传》。相传，他总是随身带着一本《左传》，无论走到哪里，只要有时间就会研读。

有一次,关羽兵败被曹操俘虏。曹操为了考验他的人品,故意把他和刘备的妻子关在一个房间。没想到,关羽坚决不肯走进房间一步,而是守在房门口,举着蜡烛,一整夜都在读《左传》。后来,关羽夜读《左传》的故事一直流传到了现在。

姓氏名人

五代后梁画家关仝(tóng);元代戏曲作家关汉卿;清末将领关天培。

95. 司马：司马光砸缸

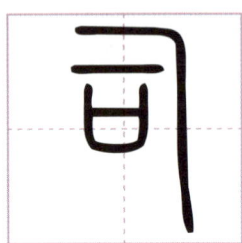 

周宣王时，颛顼帝的后代程伯休父任司马一职，因为他立下战功，于是天子将司马姓赐给他们。程伯休父的后代非常自豪，便把这个姓延续了下去。

司马光砸缸

北宋时期有一个人叫司马光。有一天，司马光和小伙伴们一起玩耍，一个小朋友爬到假山上，不小心摔了下来，正好掉进一口大水缸里。水缸非常大，里面的水很深，

如果不赶快把他救起来,他很快就会被淹死。

其他的小朋友都吓得哇哇大哭,不知道该怎么办,只有司马光没有哭,他急中生智,连忙举起地上的一块大石头,使劲砸向水缸。水缸破了,水全部流了出来,缸里的小朋友得救了。人们听说后,都夸司马光是个聪明勇敢的孩子。

长大后,司马光成了著名的大学问家。他四处收集历史资料,编成了一部重要的史书——《资治通鉴》。

姓氏名人

西汉文学家司马相如、史学家司马迁;三国时期魏国政治家司马懿(yì)。

96. 欧阳：欧阳修虚心求教

夏朝的帝王少康有一个儿子被封在会稽，他的后代在那里建立了越国。越王无彊（qiáng）在位时，越国被楚国所灭。无彊的儿子蹄被楚王封在乌程（今浙江吴兴）欧余山南面，因山南为阳，所以他也被称为欧阳亭侯。他的子孙就世代以欧阳为姓。

欧阳修虚心求教

北宋有一位著名的文学家，叫欧阳修。欧阳修曾被贬到滁州做太守，在那做官时他经常四处游玩，与琅琊寺的智仙和尚成

了好朋友。为了方便他游览,智仙和尚专门在山腰修建了一座亭子。

亭子建好那天,欧阳修去祝贺,并为它取名"醉翁亭",著名的《醉翁亭记》就是当时写下的。传说欧阳修把写好的文章贴在城门,让大家帮忙修改。有个人提出了意见,觉得文章开头太啰唆。欧阳修想了想,觉得有道理,便将文章第一句的二十余字,删改为五字"环滁皆山也"。文章立刻变得简洁起来。

姓氏名人

西晋哲学家欧阳建;唐代书法家欧阳询;五代后蜀词人欧阳炯。

97. 诸葛：三个臭皮匠，胜过诸葛亮

 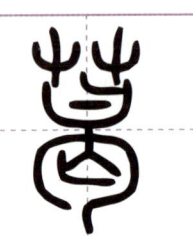

诸葛的先人本姓葛，居住在诸县（今山东诸城西南），后来其中一部分子孙搬到了阳都。阳都也有人姓葛，于是他们把诸县迁来的葛姓称为诸葛，这样就能和他们区别开了。

三个臭皮匠，胜过诸葛亮

传说有一天，三国时期蜀国丞相诸葛亮到东吴做客，为吴主孙权设计了一座塔。其实，诸葛亮是想借此打探东吴的实力。这座宝塔对建筑工艺要求非常高，单是塔顶上的铜葫芦，就有千斤

重。孙权找的工匠都不会做铜葫芦的模型，只好张贴告示，到处寻找能工巧匠。一个月过去了，仍然没有任何进展，孙权十分着急。

城门口有三个摆摊的皮匠，他们听说诸葛亮想看东吴人的笑话，觉得很不服气，就聚在一起想办法。他们花了三天三夜用牛皮做成一个大葫芦，然后向皮葫芦里浇铜水，居然成功了！听说铜葫芦做好的消息后，诸葛亮再也不敢小看东吴了。

这句俗语告诉了我们一个道理：三个普通人的智慧合起来，可能比诸葛亮还要厉害。

姓氏名人

三国时期吴国将军诸葛瑾（诸葛亮之兄）、蜀国将军诸葛瞻（诸葛亮之子）、吴国大臣诸葛恪（诸葛亮之侄）。

98. 公孙：公孙龙巧论"白马非马"

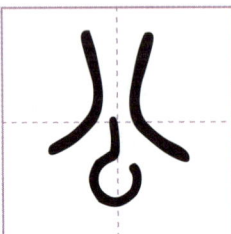

黄帝是公孙一族的先祖，原本姓公孙，因为住在姬水边后改姓为姬。还有一种说法，按照周朝的典礼制度，只有嫡长子才能继承国君的位置，嫡长子在即位前叫太子，国君其他的儿子叫公子，公子的儿子就是公孙，一些公孙就以公孙为姓。

公孙龙巧论"白马非马"

公孙龙是我国战国时期的哲学家，他有很多有趣的理论，最著名的是"白马非马"。相传有一天，公孙龙牵着一匹高大的白马想要进城,可是城里规定不允许马进城。于是,公孙龙说:"白马不是马啊!"看守很吃惊,问:"白马怎么会不是马呢?"公孙龙和看守解释了很久,大概意思是白马和马有着"特殊"和"一般"的差别,是不同的概念,所以白马不是马。

这样的辩术居然说服了看守,公孙龙牵着白马进城了。

战国时期秦国政治家公孙鞅(商鞅);西汉丞相公孙弘;唐代舞蹈艺人公孙大娘。

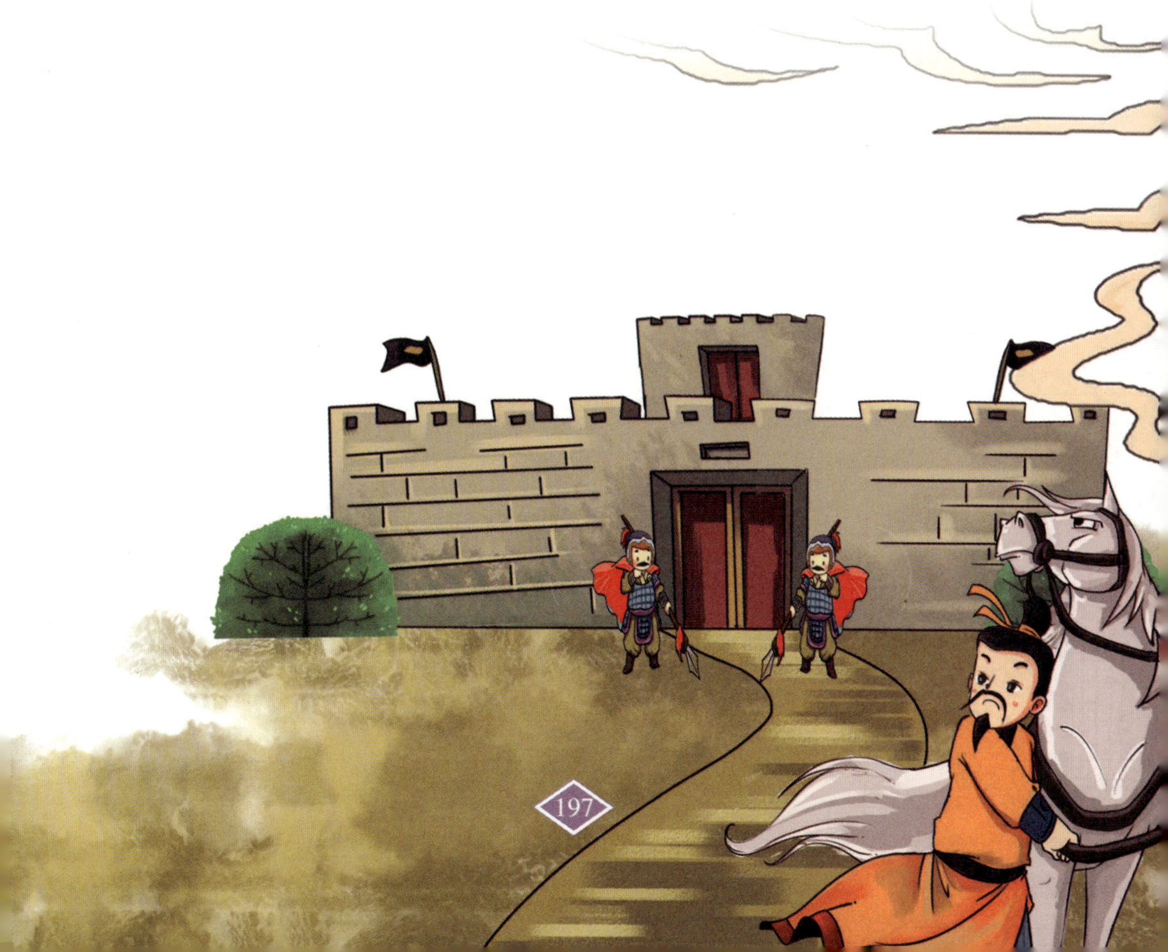

99. 岳：岳飞精忠报国

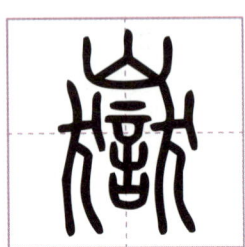

上古唐尧时，有一种叫"四岳"的官职，主要职责是管理四方诸侯。四岳是非常重要的官职。岳姓就是四岳官的后代。

岳飞精忠报国

南宋抗金名将岳飞少年时期就喜欢读各种兵书，骑射枪法也非常擅长。

后来，金人入侵，宋朝皇帝昏庸无能，士兵连连败退。传说有一天，母亲问岳飞："国难当头，你有什么想法吗？"岳飞答道："我想去前线，但是把您一个人留在家中，又于心不忍。"母亲为了让儿子没有顾虑地参军，决定把"精忠报国"四个字刺在他的后背来鼓励他。母亲问："你怕痛吗？"岳飞毫不犹豫地说："不怕！如果连小小的绣花针都怕，那我还怎么上阵杀敌呢？"

在战场上，岳飞英勇杀敌，屡立战功，成了历史上著名的民族英雄。

姓氏名人

南宋将领岳云（岳飞之子）、文学家岳珂（岳飞之孙）；清代篆刻家岳鸿庆。

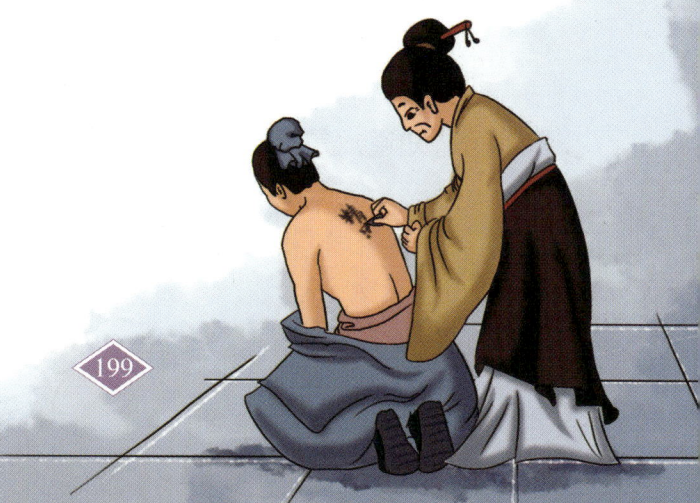

100. 西门：西门豹治邺城

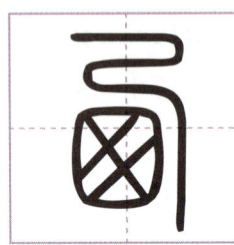 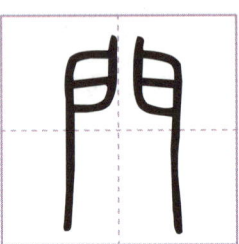

春秋时，郑国有一个大夫居住在都城西门，他的后代就以此为姓。历史上鼎鼎有名的西门豹就出自这个氏族。

西门豹治邺城

战国时，魏王派西门豹去治理邺城。城里人烟稀少，西门豹打听后才知道，是当地的巫婆和贪官搜刮民财，为河神娶妻造成的。在河神娶亲的当天,他来到河边,看见哭哭啼啼的新娘子,对巫婆说:"这个姑娘不漂亮,你去告诉河神,过几天我给他选一个更美的。"说完,他就派士兵把巫婆扔进了河里。过了一会儿,西门豹又对贪官说:"你赶紧去看看,巫婆怎么还不回来?"说完,把他也丢进了河里。看到这里,其他的同伙都吓得连连求饶,给河神娶亲的事情再也没有发生过。

姓氏名人

唐代忠臣西门季玄。

附录 《百家姓》全文

zhào qián sūn lǐ, zhōu wú zhèng wáng. féng chén chǔ wèi, jiǎng shěn hán yáng.
赵钱孙李，周吴郑王。冯陈褚卫，蒋沈韩杨。

zhū qín yóu xǔ, hé lǚ shī zhāng. kǒng cáo yán huà, jīn wèi táo jiāng.
朱秦尤许，何吕施张。孔曹严华，金魏陶姜。

qī xiè zōu yù, bǎi shuǐ dòu zhāng. yún sū pān gě, xī fàn péng láng.
戚谢邹喻，柏水窦章。云苏潘葛，奚范彭郎。

lǔ wéi chāng mǎ, miáo fèng huā fāng. yú rén yuán liǔ, fēng bào shǐ táng.
鲁韦昌马，苗凤花方。俞任袁柳，酆鲍史唐。

fèi lián cén xuē, léi hè ní tāng. téng yīn luó bì, hǎo wū ān cháng.
费廉岑薛，雷贺倪汤。滕殷罗毕，郝邬安常。

yuè yú shí fù, pí biàn qí kāng. wǔ yú yuán bǔ, gù mèng píng huáng.
乐于时傅，皮卞齐康。伍余元卜，顾孟平黄。

hé mù xiāo yǐn, yáo shào zhàn wāng. qí máo yǔ dí, mǐ bèi míng zāng.
和穆萧尹，姚邵湛汪。祁毛禹狄，米贝明臧。

jì fú chéng dài, tán sòng máo páng. xióng jǐ shū qū, xiàng zhù dǒng liáng.
计伏成戴，谈宋茅庞。熊纪舒屈，项祝董梁。

dù ruǎn lán mǐn, xí jì má qiáng. jiǎ lù lóu wēi, jiāng tóng yán guō.
杜阮蓝闵，席季麻强。贾路娄危，江童颜郭。

梅盛林刁，钟徐邱骆。高夏蔡田，樊胡凌霍。
虞万支柯，昝管卢莫。经房裘缪，干解应宗。
丁宣贲邓，郁单杭洪。包诸左石，崔吉钮龚。
程嵇邢滑，裴陆荣翁。荀羊於惠，甄麴家封。
芮羿储靳，汲邴糜松。井段富巫，乌焦巴弓。
牧隗山谷，车侯宓蓬。全郗班仰，秋仲伊宫。
宁仇栾暴，甘钭厉戎。祖武符刘，景詹束龙。
叶幸司韶，郜黎蓟薄。印宿白怀，蒲邰从鄂。
索咸籍赖，卓蔺屠蒙。池乔阴郁，胥能苍双。
闻莘党翟，谭贡劳逄。姬申扶堵，冉宰郦雍。
郤璩桑桂，濮牛寿通。边扈燕冀，郏浦尚农。
温别庄晏，柴瞿阎充。慕连茹习，宦艾鱼容。
向古易慎，戈廖庾终。暨居衡步，都耿满弘。
匡国文寇，广禄阙东。欧殳沃利，蔚越夔隆。
师巩厍聂，晁勾敖融。冷訾辛阚，那简饶空。
曾毋沙乜，养鞠须丰。巢关蒯相，查後荆红。

游竺权逯，盖益桓公。万俟司马，上官欧阳。
夏侯诸葛，闻人东方。赫连皇甫，尉迟公羊。
澹台公冶，宗政濮阳。淳于单于，太叔申屠。
公孙仲孙，轩辕令狐。钟离宇文，长孙慕容。
鲜于闾丘，司徒司空。亓官司寇，仉督子车。
颛孙端木，巫马公西。漆雕乐正，壤驷公良。
拓跋夹谷，宰父榖梁。晋楚闫法，汝鄢涂钦。
段干百里，东郭南门。呼延归海，羊舌微生。
岳帅缑亢，况后有琴。梁丘左丘，东门西门。
商牟佘佴，伯赏南宫。墨哈谯笪，年爱阳佟。
第五言福，百家姓终。